保健・医療・福祉を学ぶための

心理学概論

髙橋直樹・石本 豪 著

共立出版

まえがき

「人間とは何か？」と尋ねられたら、みなさんは何と答えるでしょうか？　非常に難しい質問だと思います。筆者が、この「人間とは何か」という問題に対して、一生をかけて取り組もうと思ったのが、18歳の頃でした。それから幾つもの年月が過ぎましたが、いまだにこの問題に対する答えが見つからないだけではなく、ますますわからなくなってきました。心理学という学問は、この「人間とは何か」という問題に対するひとつの挑戦であり、人間の行動を科学的に分析することによって、「心」というものにアプローチしていく手法を用いて、飛躍的な発展を遂げてきました。しかしながら、心理学を勉強したからといって、人間のすべてを理解できるわけではありません。ただ確実に言えることは、心理学が「自分自身を理解する」ことと「他者を理解する」ために大きな役割を果たすということです。

　将来、医療福祉の分野にかかわろうと思う人も含め、他の分野にかかわるすべての人に言えることですが、人間は決して一人で生きているわけではなく、他者を中心とした社会の中で生きていかざるをえないのです。いわゆる「ヒト」と「人間」が異なる点は、人間が人の間（社会）に存在している点にあるのではないかと思います。その社会の中における人間の行動や考えなどを理解し、社会に適応して生きていくために、本書が役に立てば幸いです。

　筆者らは、長年にわたって、大学で心理学を教えてきました。多くの人たちがそうであるように、筆者にとって、心理学という学問

は義務教育や高等学校で教わる機会はなく、大学に入学して初めて心理学を学びました。その時にまず感じたのは、「授業で使用する教科書が難しい」ということでした。その理由として、もちろん筆者の知識不足もありますが、教科書の文章が難解で、専門用語が数多く出てくることが挙げられます。しかし、心理学の授業で聴く心理学者の話は面白かったのです。このことは、筆者が大学教員になって初めて理解したのですが、授業で講義をする面白い心理学の話にマッチングした、わかりやすい心理学の教科書が少ないという現実がありました。したがって、筆者は、心理学の授業において指定する教科書を、毎年変更するという試行錯誤を繰り返しておりました。その結果、「自作のプリント」を配布することが、筆者にとって最も授業しやすいということになりました。しかしながら、筆者らが、長年にわたって蓄積してきたノウハウを、所属している大学だけではなく、多くの大学でも使用していただけたら社会貢献につながるのではないかと考えたことが、本書を執筆することになった契機です。また、筆者らは、互いに入念な打ち合わせをして、目の前に受講生が心理学の授業を聴いていると想像しながら、執筆を進めました。したがって、受講生にとってわかりやすい教科書となるだけではなく、教員にとっても使用しやすい教科書となっていれば幸いです。

　本書では、「社会心理学」「発達心理学」「臨床心理学」について執筆しましたが、心理学の分野はそれだけではありません。今後、

たとえば「医療心理学」「教育心理学」「認知心理学」「感情心理学」「犯罪心理学」など、幅広い心理学のテーマを扱ってこそ「心理学概論」といえるのではないかと思います。

　筆者ら心理学者を育てるのは教員だけではありません。むしろ、筆者の場合は、学生から学ぶことのほうが多かったです。一方的に授業を聴き、本を読んだだけではわからないようなことを、学生のみなさんから教わりました。自分が教える立場に立った時に初めて知ったことが数多くあります。このような意味で、筆者を本当の心理学者にしてくれた学生のみなさんに深い感謝の意を表したいと思います。

　最後に、本書を執筆するにあたり、ご指導をいただいた共立出版株式会社の寿日出男様、中川暢子様に心から感謝します。

2017 年 12 月

髙橋直樹

目　　次

第1章　心理学とは　　　　　　　　　　　　　　　　1
1.1　心理学の歴史……………………………………………　*1*
1.2　様々な心理学の領域……………………………………　*2*
1.3　保健・医療・福祉と心理学……………………………　*3*
文献…………………………………………………………………　*5*

第2章　社会心理学
——社会における人間の心理を考える　　　7
2.1　社会心理学とは何か……………………………………　*7*
2.2　個人レベルの社会心理学………………………………　*10*
2.3　対人レベルの社会心理学………………………………　*16*
2.4　集団レベルの社会心理学………………………………　*20*
文献…………………………………………………………………　*25*

第3章　発達心理学
——人間の心の発達を考える　　27

3.1	生涯発達………………………………………	*27*
3.2	遺伝か環境か？………………………………	*28*
3.3	思考（知能）の発達…………………………	*31*
3.4	エリクソンの心理・社会的発達理論…………	*32*
3.5	新生児期の発達………………………………	*32*
3.6	乳児期の発達…………………………………	*34*
3.7	幼児期の発達…………………………………	*35*
3.8	児童期の発達…………………………………	*37*
3.9	青年期の発達…………………………………	*40*
3.10	成人期の発達…………………………………	*44*
3.11	老年期の発達…………………………………	*47*
3.12	発達の多様性と個人差………………………	*50*
3.13	発達障害………………………………………	*50*
文献…………………………………………………		*53*

第4章　臨床心理学
──心理的問題や不適応行動を考える　　55

4.1	臨床心理学とは………………………………………	*55*
4.2	心理・行動上の問題の分類について…………	*58*
4.3	強迫症/強迫性障害…………………………………	*59*
4.4	不安症/不安障害……………………………………	*60*
4.5	心理アセスメント…………………………………	*61*
4.6	心理検査を使用する際の注意点………………	*64*
4.7	心理的問題への介入理論　①精神分析………	*65*
4.8	心理的問題への介入理論　②クライエント中心療法 ………………………………………………………	*67*
4.9	心理的問題への介入理論　③行動療法………	*72*
4.10	心理的問題への介入理論　④認知療法………	*77*
4.11	心理的問題への介入理論　⑤ナラティヴセラピー ………………………………………………………	*78*
4.12	心理学的介入を実践するにあたり……………	*81*
	文献………………………………………………………	*83*

索引	*85*

| 第1章 | 心理学とは |

■ 1.1 心理学の歴史

　心理学はもともと、人間の**意識**を研究する科学であるといわれて
きましたが、**意識**のほかに、**無意識**の状態もあることが明らかにな
り、精神分析学という学問が発展しました。しかし、人間の心の中
というものは、明確にわかるものでしょうか？　「心理学者は人の
心が読めるのですか？」と質問されることがありますが、読める場
合もあるし、読めない場合もあるというのは、私の回答です。この
ように、人の心の中の状態は明確にはわからないことが多いので、
より明確な**行動**を研究対象とする主張が出てきました。つまり、人
間の表情や言葉などの**行動**を研究して、その人の心の中を推測しよ
うという考えです。このような、心の中に対するアプローチの変化
から、心理学は**行動の科学**ともいわれるようになったのです。

　歴史を紀元前にまでさかのぼってみると、古代ギリシャの哲学者
であるプラトンやアリストテレスは「心の本質とは何か」という命
題について思索しました。しかしながら、人間の心について詳細に
観察し、分析する試みまではなされませんでした。時代は一気に進
みますが、19世紀になると、ヨーロッパでは産業革命が起こると
ともに、自然科学も飛躍的な発展を遂げ、多くの心理学者が科学的
な方法に基づいた心理学研究を行ないましたが、特にヴントは、哲
学的な心理学とは一線を画す実証的な心理学を体系づけることによ

1.1　心理学の歴史■1

り、新しい学問としての心理学分野を確立させたことから**実験心理学**の父といわれています。

実験心理学は、人間の行動を科学的な方法（統計学など）を用いることによって分析する学問といえるのですが、一方で人間の**無意識**を重視する立場の心理学者もいます。その代表的心理学者はフロイトですが、彼は 20 世紀の初めに、意識は精神的活動の一部分（氷山の一角）に過ぎず、重要な問題は無意識の部分であると考えました。フロイトの研究については第 4 章の臨床心理学で詳しく述べたいと思います。

■ 1.2　様々な心理学の領域

一口に心理学といっても、現代においては、非常に多種多様な○○心理学と呼ばれるものがあり、それぞれの心理学分野において専門書が何冊も出版されているほどの発展を遂げています。本書では 3 種類の心理学について概説します。

1 つ目は、2 人以上の人間が集まった時に生じる心理を研究する**社会心理学**です。ここでは、自己とは何か、一対一のコミュニケーションにおける心理、集団における心理などの問題について扱います。

次に、人間の発達について、誕生から成熟までの発達段階に応じた心理について研究する**発達心理学**を取り上げます。本書では、人間の各発達段階における心理学的諸問題について詳細に述べます。

最後に、個人の心理的・行動的問題について、心理学や精神医学などの知見を用いて解決を図ろうとする**臨床心理学**を扱います。先の、社会心理学や発達心理学は、人間全体にいえるような一種の法則みたいな心理学ともいえますが、臨床心理学は一人一人を対象とした心理学であり、より実践的な心理学であるともいえます。

2 ■第 1 章　心理学とは

本書では、数ある心理学の領域の中から、将来、保健・医療・福祉の現場で活躍する読者のために、特に応用可能となると考えられる心理学をピックアップしたので、ただ読むだけではなく、空欄補充や、ワークなどを通じて、新しい問題を発見し、解決していこうとする能力を養っていただければ幸いです。

■ 1.3　保健・医療・福祉と心理学

　心理学は、次の3つの理解を通じて、保健・医療・福祉の現場において貢献する学問であると思います。1つ目は、**自己の理解**です。保健・医療・福祉に従事する人も、様々な個性を持っており、多種多様な人間関係の中で生きています。したがって、保健・医療・福祉に従事する人は、まず自分自身の心理・感情・性格などを正確に理解し、自分をコントロールする能力を養成する必要があります。心理学を学ぶことは、この自己理解とセルフ・コントロールに役立つのです。

　次に、**対象者の理解**が挙げられます。対象者（たとえば患者など）の様々な心理・不適応行動などについて正確に理解し、適切に対応するためには、人間の心理に関する基礎知識が必要です。本書では、対象者の個人的問題にかかわる臨床心理学だけでなく、社会的問題や発達的問題にも対応できるように、社会心理学と発達心理学についても記述します。

　その他の理解としては、保健・医療・福祉に従事する人は、対象者のみならず、対象者の家族や、現場の同僚といった多くの**人間関係**の中で生きていくことになります。この人間関係や集団の心理については社会心理学で学習しますが、これは保健・医療・福祉以外の職場で働く人や、将来、社会で活躍する学生が学校の中で生活していくうえでも役に立つのではないかと思われます。

1.3　保健・医療・福祉と心理学 ■ 3

ワーク

心理学とはどのような学問であると思いますか？

4 ■第 1 章　心理学とは

文 献

神田義浩・唐川千秋・山下京子・森田裕司・廣兼孝信：心理学ナヴィゲータ
　ver. 2，北大路書房（2011）
小川一美・斎藤和志・坂田陽子・吉崎一人：スタートアップ「心理学」——高
　校生と専門的に学ぶ前のあなたへ，ナカニシヤ出版（2013）
齊藤 勇：イラストレート心理学入門 第2版，誠信書房（2010）
辰野千寿：心理学（系統看護学講座 基礎6），医学書院（2007）

第2章

社会心理学

社会における人間の心理を考える――――――●

■ 2.1 社会心理学とは何か

　私たちはみな、1人で生きているわけではありません。あなたの周りに存在する人たちのことを思い浮かべてみてください。誰が頭に思い浮かんだでしょうか。あなたのお母さんやお父さん、兄弟や姉妹、友人、芸能人、好きな人など様々な人の姿を想像したでしょうか。この時点ですでにおわかりのように、私たちはみな、自分以外の他者から影響を受けているのです。仮に、あなたが今、部屋で1人きりで生活しているとしても、あなたを産んでくれた人や育ててくれた人、あなたが今日、食べるものを作った人、また、着ている服を作った人、あなたが読んでいる本を書いた人がいるのです。これらのように、人と人とがかかわる、より端的にいえば、人間関係が発生する場のことを、社会心理学では**社会**といいます。人間は、自分以外の人間（他者）とかかわり合いを持った結果、その他者から多かれ少なかれ影響を受けます。社会心理学は、社会という場における人間の心理を研究対象とする学問なのです。

　さて、一口に社会心理学といっても、大きく3つのレベルに分類することができます（表2.1）。

　1つ目は、社会における**個人**の心理を対象とするレベルです。このレベルでは、人間は自分自身をどのように捉えるかという**自己**という概念や、自分自身をどのように見せるかといった問題を扱いま

2.1　社会心理学とは何か■7

表2.1 社会心理学の3つのレベル

個人	社会における個人の心理を対象とする
対人	一対一の対人コミュニケーションにおいて生じる人間の心理を対象とする
集団	家族・学校・職場などの様々な集団における人間の心理を対象とする

す。

　2つ目は、自己と他者（たとえば、私とあなた）のような一対一の**対人**コミュニケーションにおいて生じる人間の心理を対象とするレベルです。このレベルでは、様々な対人コミュニケーション（言語コミュニケーション、非言語コミュニケーション）を扱います。

　3つ目は、たとえば、家族・学校・職場などの様々な**集団**における人間の心理を対象とするレベルです。このレベルでは、人が集団生活から受ける影響、同調行動、どのような人がリーダーシップを発揮するかといった問題を扱います。

ワーク

社会心理学を３つのレベルに分けましたが、あなたはどのレベルの社会心理学に興味を持ちましたか？　また、そのレベルに当てはまると思われる人間の心理として、どのようなものが挙げられますか？

2.1　社会心理学とは何か■9

2.2 個人レベルの社会心理学

2.2.1 自己とは何か

　私たちは日常生活において（心理学の授業以外でも）、自己という言葉をよく耳にします。一般的に、自己とは「私」とか「自分」というイメージが定着していると思います。社会心理学では、この「自己」について、「自分から見た自己」と「他者から見られている自己」の2種類に分けて考えてきます。心理学者のジェームスは前者を**主体的自己**、後者を**客体的自己**と名づけました（図2.1）。英語にたとえるなら、**主体的自己**は"I"、**客体的自己**は"me"といえます。

　さらに、ジェームスによれば、この**客体的自己**は、3種類に分類されます。1つ目は**物質的自己**であり、自分の身体、衣食住、財産などの物質的なものです。次に、**社会的自己**が挙げられ、これは社会の中における自分自身の評価や印象のことです。最後に、**精神的自己**と呼ばれるものがあり、これは道徳心や良心に基づいた自己像のことです。このように、自己という概念にも様々な種類があり、特に社会心理学においては、クーリーが指摘しているように、他者

図2.1　主体的自己と客体的自己

からどのように評価されるかという社会的自己を最も重要視しており、他の2種類の自己も、結局は他者との比較に基づいた**客体的自己**ではないかと考えられます。さらに、クーリーは、他者が自分についてどのように考えているかをイメージした結果として自己が意識されると考え、これを**鏡映的自己**と名付けました。人間は決して、自分の考えだけで自己を捉えているわけではなく、他者の行動や言葉から想像して、自分はこのように見られていると判断するのではないかと考えられます。

2.2.2　自己開示と自己呈示

　社会心理学において、自己とは他者との関係性において形成される側面が大きいという話をしましたが、この自己を他者に見せる場合に、自己開示と自己呈示という2種類の行動があります。まず、自己開示とは、「自分を有能に見せよう」とか「自分を格好良く見せよう」というような自分のイメージを操作する意図なしに「ありのままの自分」を他者に見せようとする行動です。たとえば、自分は本当に困っている時に、家族や親しい友人に対して、悩みを打ち明けて相談する場合や、サークルの友人やアルバイト先の同僚と飲食を共にし、腹を割って話し合う場合などです。ジュラードによれば、「他者に自己開示をすれば、相手からも自己開示をされる」ことや、「互いに自己開示をした人間は双方とも好意を持つ」ことなどが示されています。また、斎藤によれば、最近のソーシャルサポートの研究において、自己開示できる友達が多い人は、ストレスへの対応能力が高まり、心理的に健康を維持することができるといわれています。

　一方、自己呈示とは、上述の自己開示とは異なり、自分のイメージを操作する意図が加わります。たとえば、普段は秘書に怒鳴り散らしているような政治家が、有権者の前では明るく善人のように振

る舞うような行動が自己呈示に当てはまります。そもそも、「呈示」は相手に対して「どうですか？」と示す意味合いが含まれており、ありのままの自分を開く「開示」とはニュアンスが異なります。しかしながら、私たちは日常生活において、誰もが多少の自己呈示をしていると考えられます。ただ、その程度に個人差があるだけなのではないでしょうか。次の項では、その個人差について、「セルフ・モニタリング」という概念を用い、具体的に考えてみたいと思います。

2.2.3 セルフ・モニタリング

　この項では、自己に関する具体的な心理学的指標としてスナイダーの「セルフ・モニタリング」という概念を用いて、自己に関する理解を深めたいと思います。社会心理学において、自己とは他者との関係から成立すると考えられますが、この自己には「表向きの自分（表に見せる**外面的自己**）」と「本当の自分（心の中の**内面的自己**）」とがあり、両者の間にはギャップや矛盾があるのではないかと考えられます。この場合の「表向きの自分」とは「ふさわしい時に、ふさわしい場所で、ふさわしい人物になる」ために、その場の状況に応じて演出するイメージなのです。近年の言葉にたとえますと「場の空気」といったものでしょうか。

　人間は、誰でも社会的な状況や人間関係の中の自分をモニター（**セルフ・モニタリング**）します。しかし、その度合いは、人によって様々であり、自分に対する監視度（モニタリング）が高い人（高モニター）は、人間関係において、自分のイメージをかなりモニターし、コントロールします。一方で、自分に対する監視度が低い人（低モニター）は、内面と行動が異なることは少なく、自分の周りの雰囲気にはそれほど関心を示しません。また、行動が一貫しており、自分の感情を素直に表現します。

12 ■第2章　社会心理学

このような、セルフ・モニタリング度の違いは、その人の人間観、社会的行動、他者との人間関係に大きな影響を及ぼすといわれ、スナイダーは、セルフ・モニタリングに関する理論と研究は、自己そのものの研究に新しい見方や展望を生み出したと述べています。

　ここで、スナイダーが考案したセルフ・モニタリング尺度（表2.2）を用いて、自分のセルフ・モニタリング得点を測定してみましょう。この尺度は全部で25項目からなり、(5)(6)(7)(8)(10)(11)(13)(15)(16)(18)(19)(24)(25)は○なら1点、(1)(2)(3)(4)(9)(12)(14)(17)(20)(21)(22)(23)は×なら1点として、25点満点で合計点を算出してください。研究者によって様々な基準値が用いられていますが、おおよそ15点以上が高モニター、10点以下が低モニター、その間が中モニターとされています。高モニターは、自分の社会的行動がその場の状況に適切かどうかのヒントにとても敏感で、そのヒントを、自分を表現する行動をモニターするための指標として使用するスキル（技能）に長けている人であるといえます。一方で、低モニターは、自己呈示に必要な情報には比較的うとく、自己呈示用のスキルをあまり持っておらず、自分をその場の状況ではなく、本音、性格、内面的価値観で自分を表現している人であるといえます。

　また、対人関係における志向について、高モニターは、どんな状況でも、その場に相応しい人物になろうと努力し、その手がかりを対人関係に求め、それに敏感に反応するでしょう。一方、低モニターは、どんな状況でも、自分の本当の気持ちにあった行動をとろうとし、その場に相応しいかどうかはあまり考えないでしょう。

　ここまで、高モニターと低モニターの比較を行ってきましたが、社会心理学では、どちらの方が良いとか悪いとかの考えはいっさいなく、社会には様々な人間が共存していて、それぞれに個性があ

2.2　個人レベルの社会心理学　■　13

表2.2　スナイダーのセルフ・モニタリング尺度

下記の各問について、○か×で回答して下さい。

（1）人のマネをするのは下手である。（　）

（2）私は自分の感情や考えをそのままストレートに行動に表している。（　）

（3）パーティや集まりなどで、相手の人に好かれるようなことを言ったり、やったりはしない。（　）

（4）自分が本当に信じていることしか話せない。（　）

（5）自分があまりよく知らない話題でも、即興でスピーチができる。（　）

（6）自分を印象づけたり、人を楽しませようとして演技をすることがある。（　）

（7）どう行動していいかわからないときは、他の人の行動を参考にする。（　）

（8）私は多分いい俳優になれると思う。（　）

（9）どんな映画や本や音楽がいいか、友人にアドバイスを求めることはめったにない。（　）

（10）実際よりも深く感動しているような振りをすることがある。（　）

（11）コメディを見ているとき、一人のときより、他の人と一緒のときの方がよく笑う。（　）

（12）集まりの中で、自分が注目の的になることはめったにない。（　）

（13）状況と相手によって、まったく別人のように振るまうことが時々ある。（　）

（14）人に好かれるようにするのは、得意ではない。（　）

（15）本当は楽しくないときでも、楽しそうな振りをすることがよくある。（　）

（16）私は外に見せている顔と心の内とが違うことがある。（　）

（17）人を喜ばせたり、機嫌をとろうとして、自分の意見や行動を変えたりはしない。（　）

（18）私は自分をエンターテイナー（人を楽しませるのが上手な人）だと思うことがある。（　）

（19）周囲とうまくやったり人から好かれようとして、周囲の期待に自分を合わせる傾向がある。（　）

（20）ジェスチャーのようなゲームや即興劇は、苦手である。（　）

（21）相手や状況に合わせて行動を変えるのは難しい。（　）

（22）パーティでは、ジョークや話はできるだけ、他の人にまかせるようにしている。（　）

（23）人前に出ると気まずく感じ、思うように自分が出せない。（　）

（24）（必要なら）相手の人の目をまっすぐ見て、ウソをつくことができる。（　）

（25）本当は嫌いな人でも、親しげに振るまうことができる。（　）

り、自分の考えや社会的行動を知り、他者の考えや社会的行動も知ることで、よりよい人間関係を構築していくためのきっかけとして、このセルフ・モニタリングを活用していただければ幸いです。

ワーク

なぜ、人によってセルフ・モニタリングの得点が異なると思いますか？

2.2　個人レベルの社会心理学■ 15

■ 2.3 対人レベルの社会心理学

2.3.1 言語コミュニケーション

　人間は誰しも 1 人では生きていけません。みなさんが飲食している飲み物や食べ物も生産者や販売者がいて、みなさんの手元に届きますし、みなさんが住んでいる住居も、自分 1 人で建築したという人はほとんどいないでしょう。このように、否応なしに、人間が他者とかかわる必要がある以上、必然的に生じるのが対人コミュニケーションです。極端な例をいえば、無人島で生活していたり、山籠もりをしていたりするなどの例外をのぞいて、社会で生活している以上、人間は日々、誰かとコミュニケーションをとりながら生活しているのです。

　そのコミュニケーションの手段について、社会心理学では大きく 2 つに分類しています。1 つは**言語コミュニケーション**です。人類は言語を獲得したことによって、他の生物と比較して、より詳細かつ明確なコミュニケーションを行うことができ、進化を遂げ、大きな発展を遂げてきたといえるでしょう。また、近年においては、インターネットの普及により、電子メールなどを用いて、世界中の人達とコミュニケーションをとることができます。これも言語が存在しているからこそ成し得たことではないでしょうか。

2.3.2 非言語コミュニケーション

　もう 1 つのコミュニケーションの手段は、言語以外の方法を用いたコミュニケーション、すなわち**非言語的コミュニケーション**です。具体的には、顔の表情、しぐさ、対人距離などがあります。先述の言語コミュニケーションは文化や地域などによって異なりますが、非言語的コミュニケーションにおいては万国共通のものがあります。たとえば、人間の感情表出としての表情には、万国共通のも

16 ■第 2 章　社会心理学

のと、文化によって異なるものがあります。エクマンとフリーセンは、欧米文化と接触を持たないニューギニアに住む部族を対象に、いくつかの感情を表す表情の写真を見せて、どのような感情が表れているか回答を求めました。その結果、「怒り」「嫌悪」「恐れ」「幸福」「悲しみ」「驚き」の6種類の表情が正しく識別され、この6種類が文化を超えて普遍的な表情であると定義されました。この6種類の表情について、エクマンらが実際に用いたものではありませんが、一例として、筆者が作成した表情を図2.2に示します。

　一方で、表情には文化によって異なる側面があり、この側面は**表示規則**という概念によって説明されます。表示規則とは、人間が生まれながら備わっている表情に加えて、成長するとともに、周りの人達や環境を含めた社会や文化から学習するものであり、たとえば、他者に見せることが望ましくない怒りの表情を出さないようにしたり、悲しみの感情を笑顔で隠したりするなど、多くの方法があります。この表示規則は、社会や文化によって異なりますので、国際交流を行う場合には、互いの社会的背景について深く理解したうえで、誤解のない異文化コミュニケーションを構築する必要があるでしょう。

2.3　対人レベルの社会心理学■ 17

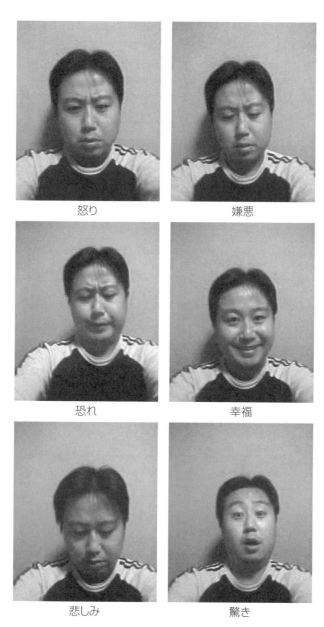

図2.2 普遍的な6種類の顔面表情

ワーク

万国共通の普遍的な表情について、本文に書かれているもの以外
で、どのような表情があると思いますか？

2.3　対人レベルの社会心理学■ 19

■ 2.4 集団レベルの社会心理学

2.4.1 集団から受ける影響

　私たち人間は、家族や学校などの集団の影響を受けて生活しています。集団という言葉の定義は様々あるのですが、社会心理学では、単なる人間の集まり（集合体）ではなく、そこに「相互作用」「共通の目標」「共通の価値観」「地位や役割の存在」「自分がそこに所属しているという意識」などがある場合に、集団ということができます。

　このような集団は、それを構成するメンバーに対して良い面と悪い面の影響を与えることがあります。良い影響の例としては、**社会的促進**が挙げられます。たとえば、家に1人でいる時はあまり勉強がはかどらなくても、図書館や自習室のような場所で、他者と同じ空間にいると勉強がはかどる場合などは社会的促進であるといえます。あるいは、ジョギングをする場合にも、1人で走っている時は手を抜きたくなる場合があるかもしれませんが、ペースメーカーとなるような人が一緒に伴走してくれれば、頑張って走れるかもしれません。

　このような社会的促進に対して、逆に、他者が観察していたり、一緒に行動をしてくれる仲間がいることによって、行動が抑制される場合のことを、**社会的抑制**といいます。具体的には、あなたが授業において何らかのプレゼンテーションをしなければならない時に、1人で練習している時は上手くいくのだけれども、大勢の人の前に立つと緊張して上手くプレゼンテーションができない場合、それは社会的抑制であるといえます。また、他の例では、10名程度のチーム対抗で綱引きの対戦をする場合に、もし「少しくらい手を抜いても変わらないだろう」と思って全力を出さないメンバーがいたとします。このような場合は**社会的手抜き**と呼ばれています。こ

のように、集団が個人に与える影響は、促進と抑制の両方とも存在するのですが、どちらも1人でいるときには発生しないことであり、集団の影響力の大きさを考えるきっかけとなっていただければと思います。

2.4.2 同調行動

　集団の影響力について、さらに考えるうえで欠かせないものとして同調行動が挙げられます。同調とは、自分の考えや行動などを、集団の圧力や規範などに基づいて変更することであり、その多くは、自分の意に反する行動であるといえます。この同調行動について、アッシュは実験を行いました。図2.3を参照して、図の左側の線と同じ長さの線を、右側の3本の線の中から選んでみてください。正解は「2」なのですが、アッシュが行った実験では、サクラを用いて、被験者以外の全員が意図的に間違った回答をした場合、その間違った回答に同調して、「2」以外であると回答した被験者が全体の3分の1を越えたのです。しかしながら、1人でも正解である「2」を回答した人がいれば、同調行動は起こりにくくなることも示されました。

　集団の中で生きていくうえでは、他者と合わせることが大切です

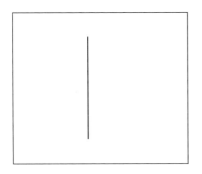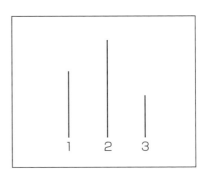

図2.3　アッシュの同調実験

が、周りに流されないことと、1人でも同じ考えを持つ仲間を見つけることが重要であるともいえるでしょう。

2.4.3　リーダーシップ

　私たちは、家族や学校などの集団に所属していますが、その集団の中で、強い影響力を持っている人はいないでしょうか。すべてではないにせよ、ほとんどの集団において、他の誰よりも権力を持っている人がいるかと思います。その人のことを**リーダー**と呼びます。また、リーダーが集団に影響を与える過程のことを**リーダーシップ**といいます。社会心理学では、リーダーシップについて多くの研究が行われていますが、2つの研究を紹介したいと思います。

　1つ目はレヴィンのリーダーシップ・スタイルの研究です。この研究では、リーダーシップのスタイルを「民主型」「専制型」「放任型」の3種類に分けて（表2.3）、各リーダーがそれぞれの型に基づいて行動した場合、集団の成果や、集団を構成するメンバーの行動にどのような影響を与えるかを調べました。その結果、民主型リーダーのグループでは、集団の雰囲気・メンバーからリーダーに対する好感度・仕事の質と量が高く評価されました。一方、専制型リーダーのグループでは、集団の雰囲気・メンバーからリーダーに対

表2.3　レヴィンによる3タイプのリーダーシップ

リーダーシップ のスタイル	リーダーの行動
民主型	集団の方針は、できるだけメンバー間のディスカッションで決め、リーダーはディスカッションを促進し、必要な場合にはアドバイスを行う
専制型	集団における活動のすべてについて、リーダーが決定する
放任型	リーダーは集団の活動にあまり参加せず、集団に関する決定のすべてをメンバーに任せる

22 ■第2章　社会心理学

図 2.4　PM 理論によるリーダーシップ・スタイル

する好感度が低く評価されました。最後に、放任型リーダーのグループでは、メンバー間に協調性が見られず、仕事の質と量が低く評価されました。

　もう1つは、三隅が行った PM 理論と呼ばれるリーダーシップ・スタイルの研究です。三隅は、リーダーシップの機能を、メンバーの人間関係に配慮し集団を維持しようとする「維持機能（M；maintenance）」と、集団の目標達成のために集団を統率する「課題達成機能（P；performance）」に分け、これらの機能を組み合わせて、リーダーシップ・スタイルを分類しました（図2.4）。三隅が、このモデルを用いて調査を行った結果、作業量については、PM 型が最大であり、次に、Pm 型、pM 型、pm 型の順になりました。また、メンバーの満足感についても、PM 型が最高であり、次に、pM 型、Pm 型、pm 型の順になりました。このように、集団におけるリーダーは、メンバーの関係性の維持と目標達成という2つの機能を重視しながら、どちらの機能を優先していくかということも考えなければならないと思います。

ワーク

みなさんの身近にある「同調行動」の具体例を、3つ書いてみましょう。

24 ■第2章　社会心理学

文 献

大坊郁夫 編著：わたしそしてわれわれ ミレニアムバージョン──現代に生き
　る人のための心理学テキストブック，北大路書房（2004）
井上隆二・山下富美代：図解雑学 社会心理学，ナツメ社（2007）
マーク・スナイダ 著／齊藤 勇 監訳：カメレオン人間の性格──セルフ・モ
　ニタリングの心理学，乃木坂出版，川島書店発売（1998）
齊藤 勇：図説社会心理学入門，誠信書房（2011）

第3章

発達心理学

人間の心の発達を考える————————————————●

■ 3.1 生涯発達

　私たちの心は生涯を通してどのように変化していくのでしょうか。

　従来の発達心理学は青年期までの心の変化を対象としてきました。青年期までの心の変化は、「できなかったことができるようになる」や「わからなかったことがわかるようになる」といった達成や獲得といった成長的な側面が中心です。

　しかし、私たちの心の変化を一生といった側面から見たときには、右肩上がりの成長的な側面だけではないはずです。年齢を重ねるとともに、さらに成長していく側面がある一方で、「できていたことができなくなる」や「わかっていたことがわからなくなる」といった変化を避けることはできません。

　現在の発達心理学は、人が生まれてから死に至るまでの生涯の変容を扱っています。アメリカの心理学者であるバルテスは「発達」を**生涯に渡る獲得や達成といった成長的な側面だけでなく、喪失や衰退といった変容も含むダイナミックなもの**と定義しました。

　獲得や達成といった変化にのみ焦点を当てていた以前の発達モデルは**成長モデル**と呼ばれます（図3.1）。一方、獲得や達成に加え、喪失や衰退といった変容も含み込んだ現在の発達モデルは**成熟モデル**と呼ばれます（図3.2）。

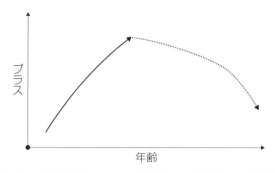

図 3.1　成長モデルのイメージ（岡本、2013 を一部修正）

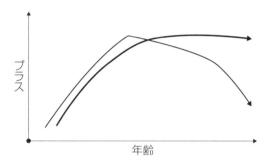

図 3.2　成熟モデルのイメージ（岡本、2013 を一部修正）

■ 3.2　遺伝か環境か？

　人間の発達が生得的な遺伝的要因によって決まるのか、それとも後天的な環境や経験といった要因によって決まるのか。この問いは古代哲学の分野において大きな議論を巻き起こしてきました。心理学においても遺伝を重視する立場と、環境や経験を重視する立場があり、互いに主張を繰り返してきた歴史があります。

　経験を重視する考え方を強力に主張したワトソンらの実験について説明しましょう。ワトソンらは乳児を対象に次のような実験を行いました。

　①乳児に白色のネズミを見せる。乳児は白色のネズミに興味を持

ち手を伸ばす。

②白色のネズミに手を伸ばしたときに、背後で大きな音を激しく
鳴らして乳児を驚かせる。

このような経験を繰り返すと、乳児は白いネズミを見ただけで逃
げ出すようになってしまったのです。さらに、白いネズミだけでな
く、白色のウサギや、白いコート、白い髭を生やしたサンタクロー
スのお面を見せても怖がって逃げ出すようになってしまいました。
この実験は、ある対象に対する恐怖反応が経験によって成立するこ
とを示しています。ワトソンは人間のある種の行動が遺伝ではなく
経験によって決まることを強く主張しました。また、恐怖反応が経
験によって成立することを示したワトソンの考え方は、恐怖反応に
よって日常生活に支障をきたしている人々に対する支援の方法のひ
とつである**行動療法**の発展に影響を及ぼしています。

ワトソンのこうした考え方に対し、経験よりも生得的な要因を重
視した考え方を主張したのがゲゼルらです。彼らは遺伝的素因が同
一の一卵性双生児を対象に階段上りの実験を行いました。

①双生児の一方の子 A には階段上りの特別な練習を 6 週間行
う。その間、もう一方の子 B には練習をさせない。

②6 週間の練習により A は 26 秒で階段を登りきることができた。

③B の階段上りの練習を開始。すると、B はわずか 2 週間の練
習によって 10 秒で階段を昇りきることができた。

このことから、ゲゼルは、ある種の行動の獲得には、やみくもに
経験を積むことよりも、成熟を待つことが重要だと主張しました。
このようなゲゼルの考えは**成熟優位説**とも呼ばれます。

遺伝か環境のどちらかに発達を規定する要因があるとする考え方
に対し、シュテルンは、発達は遺伝的な要因と環境的な要因が統合
されたものと考えました。これは**輻輳説**と呼ばれます。

これらの考え方をふまえて、現在の発達心理学において主流にな

3.2 遺伝か環境か？　■29

っている考え方は**相互作用説**と呼ばれるものです。これは、**遺伝と
環境が互いに関係し合いながら発達していく**という考え方で、遺伝
的要因が発現するためには必要な環境が整ってなければならないと
いうものです。たとえば「他者への共感性」の発達を考えてみて
も、そもそも他者とかかわる環境にいなければ「他者への共感性」
は十分には発達することが難しいでしょう。もちろん、場合によっ
ては環境が整っていても遺伝的要因によって発達しにくいというこ
とも考えられます。

　このように、ある現象を**環境との相互作用で捉えていく**視点は心
理学の特徴のひとつです。

ワーク

あなた自身の性格の特徴をいくつか挙げてみてください。それら
は、遺伝的な要因の影響が大きいと考えられるでしょうか。それと
も環境や経験の要因の影響が大きいでしょうか？

性格の特徴

30 ■第3章　発達心理学

■ 3.3 思考（知能）の発達

　子どもは、他者を含めた周囲の環境とのかかわりを通して発達しています。ピアジェは乳児から大人になる過程で思考が発達していくプロセスを 4 つの段階で示しました（表 3.1）。

　感覚運動期は、感覚と運動を通して環境に適応する時期です。吸う、つかむといった生得的な反射によって環境とかかわっています。以降、前操作期、具体的操作期、形式的操作期と続きます。なお、ここでいう操作とは論理的思考を意味します。前操作期は文字通り、論理的思考が可能になる前段階です。この時期はまだ相手の視点に立つことが難しかったり、見た目の印象に判断が引きずられたりする傾向があります。具体的操作期では具体的な事物があると論理的思考が可能です。形式的操作期になると、具体的な事物がなくても論理的思考が可能です。

　またピアジェは思考（知能）の発達を**シェマの同化と調節**によって発達すると考えました。シェマとは子どもが世界を認識する際の枠組みを意味します。シェマの同化とはすでに持っているシェマで世界を認識していくことを言います。シェマの調節とは世界にあわせて既有のシェマを変更していくことを言います。

表 3.1　ピアジェの知能発達段階

誕生～2 歳ごろ	感覚運動期
2 歳ごろ～7 歳ごろ	前操作期
7 歳ごろ～11 歳ごろ	具体的操作期
11 歳以降	形式的操作期

■ 3.4　エリクソンの心理・社会的発達理論

　エリクソンは人間の発達の心理・社会的な側面を重視した理論を提唱しました（図3.3）。この理論では人生が8つの段階に区分され、それぞれの段階において社会から要請される**発達課題**が示されています。肯定的な側面と否定的な側面の両方が経験され、その緊張状態である**心理・社会的危機**を乗り越えていくことで次の発達段階に移行できると考えられています。また、各発達段階で肯定的な側面が否定的な側面を少しでも上回ることで次の発達に移行できるとされています。エリクソンの理論は人間の発達のプロセスが肯定的な側面のみで進行していくわけではないという視点を与えてくれます。それぞれの時期の特徴については次節以降で見ていきましょう。

■ 3.5　新生児期の発達

　ヒトの赤ちゃんは他の動物と比較したときに未熟な状態で生まれてくるという見方があります。たとえばウマのような大きな動物は生まれて間もなく歩くことができますが、ヒトの場合はそうはいきません。ポルトマンは、ヒトの赤ちゃんが未熟な状態で生まれてくるのは、成長して大きくなりすぎては安全な出産が脅かされるため、本来であればあと1年くらいは母体の中にいるべきところを、約10か月で早めに出産するという**生理的早産**という概念を提唱しました。ヒトの赤ちゃんは運動機能の面では未熟です。しかしその一方で、感覚機能の面では優れたものがあります。

　ここでは新生児が示す能力の一端を紹介します。生後間もない赤ちゃんは、大人が舌を出したり、口を開けたりすることを見せると、同じ表情を示します。**新生児模倣**と呼ばれる現象です。新生児

	1	2	3	4	5	6	7	8
老年期								統合性 VS 絶望
成人期後期							生殖性 VS 停滞	
成人期前期						親密性 VS 孤立		
青年期					自我同一性 VS 自我同一性拡散			
児童期				勤勉性 VS 劣等感				
幼児期後期			自主性 VS 罪悪感					
幼児期前期		自律性 VS 恥・疑惑						
乳児期	基本的信頼感 VS 不信感							

図3.3　エリクソンの心理・社会的発達理論

3.5　新生児期の発達■ 33

が持つこうした能力は何を意味するのでしょうか。大人の表情を模倣することは、周囲の大人からのさらなるかかわりを引き出し、社会的なやり取りが促進されやすくなるでしょう。このような社会的なやり取りは、ヒトの赤ちゃんが環境に適応していくことに役立つと考えられます。

■ 3.6　乳児期の発達

　乳児期の心理・社会的危機は**基本的信頼感 VS 不信感**です。エリクソンの言う**基本的信頼感とは他者や世界に対する信頼と自分に対する肯定**です。乳児は食事や排泄などを自分ですることはできません。母親など主な養育者から世話してもらうことが必要です。乳児は食事や排泄に関する自分の要求（もちろん最初は言葉ではなく泣くことで）が通り、それを養育者から満たしてもらうことで、他者や世界から自分が大切にされているという感覚を育んでいきます。基本的信頼感はその後の発達を支える非常に重要なものとされています。一方で、乳児は自分の要求が満たされないときには、自分が生まれてきたこの世界に対する不信感を経験します。乳児が時にこうした不信感を経験することは避けることができませんし、あってもいいものです。エリクソンの理論は、各発達段階で肯定的な側面が否定的な側面を少しでも上回ることを求めていることを思い出してください。決して完璧な養育者を強要してはいません。養育者の不完全さを許容する理論と言えるでしょう。

　この時期の乳児と養育者との関係の重要性を表す概念として**愛着（アタッチメント）**があります。愛着は特定の他者との情緒的な絆を意味し、その後の人間関係にも大きな影響を及ぼすと考えられています。また、この時期はコミュニケーションの発達という観点からも重要な時期です。生後8か月ごろ〜12か月ごろから、子ども

34 ■第3章　発達心理学

は養育者との間で視線や指差しなどを介して同じ対象物を見て関心を共有する**共同注意**が成立します。このように互いに何かを共有し分かち合うことはコミュニケーションの本質の芽生えと言えそうです。さらに子どもは養育者と同じものを見ながら、その際の養育者の表情を読み取り、自分の行動を調整するといった現象が見られます。たとえば、大きなネコを目の前にしたときに、養育者が緊張した表情をしていれば、子どもはそれを読み取り、ネコに近づきません。このような現象を**社会的参照**といいます。

■ 3.7　幼児期の発達

　おおよそ1歳ごろになると、初語が見られます。さらに、1歳半から2、3歳にかけて語彙が急激に拡大していきます。言葉を介した大人とのコミュニケーションが活発になってきます。また運動機能の面でも歩けるようになるなど、より自由に動き回ることができるようになってきます。また、1歳代の後半ごろには鏡に映った自分の姿を自分自身であることに気づき始める**自己鏡映像認知**が成立します。自分自身への気づき、自己像の理解が芽生え始める時期です。

　そして、2、3歳ごろには自己主張が強まります。養育者からの支持を拒否したり、養育者からの手助けを「いや！」といって拒み、自分でしたがったりします。いわゆる**第一次反抗期**と呼ばれる現象です。こうした自己主張は、言語や運動機能の発達を背景にしたものと言えるでしょう。

　一方で、自身の欲求や行動を適切にコントロールすることも身につけていきます。エリクソンの理論では幼児期前期の発達危機は**自律性 VS 恥・疑惑**です。自律性とは文字どおり自分をコントロールすること。この時期のトイレットトレーニングや食事場面など、少

しずつ欲求や行動を律することを求められます。そしてそれが上手くいったときに得られる養育者からの称賛によって、自律性が育まれていくわけです。しかしながら、トイレの失敗など、コントロールが上手くいかなかったときに、養育者からの過度な叱責や無視などを経験することで自身に対し「恥ずかしい」といった感情や、さらには「自分はダメなのではないか」といった自身の存在に対する疑いの念が生じてくるとされています。この時期は、それまでの無条件に世話してもらっていた受動的な状態から、自分自身の欲求の高まりと周囲からの要求との葛藤を経験する時期とも言えます。

　幼児期後期にはさらなる言語能力の発達、身体の発達が見られます。「できる」ことが増えてくる時期です。また家庭だけでなく、保育園や幼稚園といった集団の中での規範を介しながら過ごすことが増えてきます。エリクソンの理論では幼児期後期の発達危機は**自主性 VS 罪悪感**です。「できる」ことが増えてきた自信によって、自ら判断し、自らの意思で行動する自主性の感覚が育ってくるわけです。しかしながら、そうした主体的な行動が、家庭や園での規範に基づく良心に反した場合には罪の意識を感じるようになります。

　さて、この時期の特徴である言葉の発達は、他者とのコミュニケーションの道具としての機能だけではありません。幼児期前期と幼児期後期の大きな違いのひとつに、言葉を使って思考できるか否かがあります。幼児期前期は、言葉を他者とのコミュニケーションの道具として使用することはできますが、思考の道具として使用することはできません。幼児期後期になると、言葉を使って考えることができるようになってきます。音声を伴う他者とのコミュニケーションとしての言葉を**内言**といいます。音声を伴わない思考の道具としての言葉を**外言**といいます。幼児期には外言が獲得され、徐々にそれが内在化され内言が発達し、言葉を使って考えることができるようになるのです。

■ 3.8　児童期の発達

　この時期の大きな環境の変化は就学です。義務教育が始まり、学校生活が始まります。エリクソンの理論では児童期の発達危機は**勤勉性 VS 劣等感**です。この時期の子どもは、学校など、自分が所属する文化の中で求められる能力や技術を身につけていくことが求められます。こうした能力や技術を高めようとする勤勉性の感覚が育まれます。一方で、他者と比較した自分というものを意識し始めるのもこの時期です。同じ教室の中で、いっせいに同じ知識、技術を獲得する場において、失敗が生じた際には劣等感を意識することになります。

　また、この時期に始まる学校生活は、同年代の多くの他者、学校の先生という大人といった多様な他者とのかかわりが本格化する時期とも言えます。このような多様な他者とのかかわりを通して、この時期は社会性が発達していきます。ここでは社会性の発達として向社会的行動と道徳性を取り上げます。向社会的行動とは他者のためになされる自発的な行動です。対人援助職には欠かせないものです。1、2歳ごろの子どもにも、他の子へおもちゃを貸してあげたりといった向社会的行動の芽生えは見られます。児童期では向社会的行動の変化が見られます。相手の立場に立った共感性に基づく行為が見られるようになるのです。次に道徳性の発達についてです。ピアジェは道徳性が**他律から自律へ**発達すると考えました。7、8歳ごろまでは他律的な段階です。すなわち、**大人が決めた規則を絶対視し、規則は権威から与えられるもの**と考えている段階です。10歳ごろになると、自律的な段階へ移行すると考えられています。**仲間との相互作用による合意によって規則が形成されるもの**と理解し始める段階です。

ワーク

コールバーグはピアジェの考えを発展させ、道徳性の発達段階理論を提唱しました。コールバーグは以下のような道徳的ジレンマが生じる仮想状況を提示しました。「ある女性が特殊ながんのために死にかけていた。その特効薬が開発されたが、薬屋では製造コストの10倍の値段がつけられている。夫はあらゆるところからお金を借りるが、半分のお金しか集まらなかった。薬屋は値引きや後払いの交渉にも応じてくれない。そこで夫は妻のために、薬屋に薬を盗みに入った。」このような仮想状況を提示した後に、この行為の是非とその理由を尋ねます。コールバーグは行為の是非ではなく、理由づけの仕方によって3水準6段階の道徳性の発達段階を分類しました。さて、みなさんだったらどう答えるでしょうか？

夫の行為を認めますか？　認めませんか？

なぜそのように考えますか？

ワーク

文部科学省によるいじめの定義は時代とともに変化しています。い
じめの定義の変遷を調べてみましょう。そのうえで、なぜいじめの
定義が変化してきたのかについて考えてみましょう。

○○年までのいじめの定義：

○○年以降のいじめの定義：

なぜ、いじめの定義は変化してきたのでしょうか？

（罫線のみ・記入欄）

■ 3.9　青年期の発達

　この時期は男女ともに**第二次性徴**と呼ばれる身体面の大きな変化があります。この身体面の変化は心理面にどんな影響を及ぼすでしょうか。たとえば「自分の身体の変化は正常なものなのだろうか」とか「他の人と比べて自分の変化は遅いのだろうか？　早いのだろうか？」といった不安をみなさんは感じたことはないでしょうか？また、**第二次反抗期**と呼ばれるような親や学校の教師への強い反発心を感じたことはないでしょうか？　思春期、青年期の時期は激しい心理的混乱を引き起こす時期と考えられてきました。一方で、精神科医の滝川（2004）は、現代の社会状況や家族状況の変化によって、以前に比べ思春期の心理的混乱が穏やかになっていることを指摘しています。

　この時期の身体的な変化は、自分自身への意識を高めることにもなると考えられます。外見へのこだわりや異性を強く意識するようになるこの時期は、鏡を見る回数も増えるかもしれませんね。自分の身体面への注目は、自分の身体面以外の側面も含めた「自分自

表 3.2　マーシャによる自我同一性地位

自我同一性地位	危機	傾倒	概要
同一性達成	経験した	している	いくつかの可能性について本気で考えた末、自分自身の解決に達し、それに基づいて行動している
モラトリアム	最中	しようとしている	いくつかの選択肢について迷っているところであり、その不確かさを克服しようと一生懸命努力しているところ
早期完了	経験していない	している	自分の目標と親の目標との間に不協和がない
同一性拡散	経験していない	していない	何者かである自分を想像することができない
	経験した	していない	すべてのことが可能であり、可能なままにしておかなければならない

身」への意識を高めていきます。エリクソンの理論ではこの時期の発達危機は**自我同一性（アイデンティティ）vs 自我同一性拡散**です。自我同一性とは自分の存在や生き方に対する確信が社会的にも認められているという自信と言えます。しかし自分の存在や生き方に価値を感じられないと自我同一性拡散に陥るとされています。また、マーシャは、エリクソンの理論に基づき、**危機**と**傾倒**の有無によって、自我同一性地位を4つに分類しました（表3.2）。危機とは自身の生き方について、様々な選択肢のなかで真剣に迷い、決定しようと試行錯誤する時期を言います。傾倒とは自身の価値観に基づいて選択したものに対して積極的にかかわることを言います。

　さて、どうやら青年期の発達のキーワードのひとつは「自分自

3.9　青年期の発達■41

身」と言えそうです。このことに関連して、現代の哲学者 2 人の言葉を紹介しましょう。

鷲田（1996）は、「私って誰？という問いに答えは存在しないこと。特にその問いを自分の内部に向け、そこになにかじぶんだけに固有なものをもとめる場合には。そんなものはどこにもない」と述べています。そのうえで、「ひとはそれぞれ、じぶんの道で特定の他者に出会う」ことで、「かろうじて自分の存在を見出すことができる。」それは言い換えれば「ポジティヴに他者にかかわっていくことを意味する」と述べています。

西（1995）は、大学院の入試に落ちてしまい、1 人で哲学書を読みふけっていた時期があったそうです。「世間や大衆を憎んでいた」自分が、その後、大学のゼミに偶然参加した後の変化について次のように語っています。「このゼミの人たちは外部から参加してきたぼくのいうことをきちんと受け止めてくれた。誰の発言に対してもその中身を聴きとろうとして、疑問があれば率直に言ってみる。そういう態度を彼らは身につけていた。」「ぼくは、自分の言葉がきちんとうけとめられることにとても驚いて、ほんとうにうれしく思った。それは今でも忘れることができない。」

両者ともに「自分」を確立するプロセスにおける他者との関係の重要性を示しています。私たちは「特定の他者」にすでに出会っているのでしょうか？　そして、私たちは、誰かにとっての「特定の他者」になることができるのでしょうか？

ワーク

青年期においては「自分自身」への注目が高まることで不安や抑うつなどを経験しやすいことが指摘されています。また人間関係や進路のことなどで迷い、苦悩することも多い時期です。

さて、みなさんはこれまでの人生で、大なり小なり何らかの苦悩を経験してきたと思いますが、それらをどのように乗り越えてきたでしょうか？　あるいは、いま現在苦悩の真っ最中にあるという場合は、どんなふうにその苦悩に対処し、乗り越えようとしているのでしょうか？　少し振り返って書いてみましょう。そして書き終わった自身の苦悩に対する「乗り越え方」「対処の仕方」をあらためて眺めてみてどんなことに気がつくでしょうか？

自分自身の苦悩の乗り越え方、対処の仕方：

3.9　青年期の発達　43

気づいたこと：

■ 3.10　成人期の発達

　エリクソンの理論では成人期前期の発達危機は**親密性 VS 孤立**です。親密性とは、パートナーとの間に親密で継続的な関係を構築することです。しかし親密な関係を他者と構築することは自分の世界が相手から脅かされる恐れを感じるかもしれません。そのような恐れから他者を拒絶し排他的になると孤立に至るとされています。そして、成人後期は**世代性 vs 停滞**です。家庭においては、子を産み育てるといった次世代の育成。また職場では後輩を育て、新たな技術を生み出したり、後輩を育成していくこととされています。これ

図3.4 TALKの原則：自殺の危険性が高い人に対する周囲の対応

が上手くいかないと対人関係が乏しくなり停滞を感じるとされています。

エリクソンの理論からは、成人期は「結婚」や「子育て」、「仕事」が大きなテーマになっていることがわかります。

子育ては、子どもができることが増えていくプロセスを共にすることができる大きな悦びです。同時に子育てには大きな不安、ストレスも伴います。特に**発達障害のある子を持つ親**は、子育てのストレス、障害の受容など大きな精神的負担を感じているという報告もあります（前田ら、2009）。

また、働き盛りのこの時期の大きな社会問題のひとつが自殺です。年齢階級別でみると50代の自殺死亡率が他の年齢階級に比べ最も高い状況が近年は続いており、その原因としては健康問題や経

段階	内容
Ⅰ	**身体感覚の変化の認識に伴う危機期** ・体力の衰え、体調の変化への気づき
Ⅱ	**自分の再吟味と再方向付けへの模索期** ・自分の半生への問い直し、将来への再方向付けの試み
Ⅲ	**軌道修正・軌道転換期** ・将来へ向けて価値観などの修正、自分と対象との関係の変化
Ⅳ	**アイデンティティ再確立期** ・自己安定感・肯定感の拡大

図3.5　成人期におけるアイデンティティ再確立のプロセス（岡本、1997）

済・生活問題などが複合的に関連していることが報告されています（厚生労働省　平成28年中における自殺の状況、2017）。自殺の恐れがある人に私たちはどのようにかかわることができるのでしょうか。ここではカナダの自殺予防グループがまとめた **TALK の原則**を紹介します（図3.4）。また、大切な人を自殺で失った人たちは、その後、自責の念で精神的な苦悩を抱えることが多く、支援の必要性が指摘されています（川野、2011）。

　このように、成人期は様々な心理的な動揺を経験しやすい時期と言えるでしょう。岡本（1997）は、40歳前後の人々を対象にした面接調査から、この時期にはそれまでのアイデンティティが崩壊あるいは動揺し、再構成されていくプロセスがあることを示しています（図3.5）。特にこの時期が心の発達の転換であり、自身の衰えや限界への気づきである「自己の有限性の自覚と受容」が大きなテーマです。

ワーク

「自殺」は大きな社会問題のひとつです。自殺者の減少に向けて様々な取り組みがなされてきました。国内のこれまでの取り組みのなかで、特に自殺者の減少に大きな成果を挙げた事例を調べてみましょう。

■ 3.11　老年期の発達

　この時期は獲得や達成よりも喪失や衰退といった変化が多くなってくる時期です。身体的・精神的な側面においての衰えなどによ

図3.6 キューブラー－ロスによる末期がん患者の死に向かうプロセス

り、周囲からケアしてもらうことが様々な場面で多くなります。老年期は家庭や職場で誰かを「世話する存在」として生きてきた自分が、誰かから「世話される存在」に転換することを受容していく時期とも言えます。もちろん家庭において孫を育てたり、再就職の職場などで「世話する存在」としての自分が存続する場合も多いでしょう。まだ自分が誰かの役に立つことができるという感覚は、老年期を生きる人にとって、生きがいにつながる重要な感覚と言えるでしょう。

　エリクソンの理論では老年期の発達危機は**統合性 VS 絶望**です。これまでの人生を振り返り、その肯定的側面も否定的側面も含めて受け容れていくことです。しかしこれが上手くいかないと絶望を感じるとされています。

　さて、この時期のテーマとして避けることができないものが「死」です。「死」を目前にしたときに私たちの心はどのように揺れ動くのでしょうか。キューブラー－ロスは多くの末期がんの患者さんとのかかわりの経験から、否認から始まり受容に至る5段階理論を提唱しました（図3.6）。そして、この5段階を通してずっと存在しつづけるものが「希望」であると述べています。新たな治療法の開発など一筋の希望が苦痛の最中にある患者たちを支えていると述べています。

ワーク

精神分析家であったフロイトは晩年、人生で大切なことは「愛することと働くこと」と言ったそうです。
　さて、みなさんにとって人生で大切なことはなんでしょうか？あなた自身が大切にしていることを内省して書いてみましょう。

　私が人生で大切にしていることは……

■ 3.12　発達の多様性と個人差

　さて、生まれてから死ぬまでの発達についてその概要を見てきました。○○歳のころに△△という能力が獲得される…とか、□□に関するプロセスの段階理論…といった発達のメカニズムを紹介してきました。

　ここで、みなさんはある素朴な疑問をもったかもしれません。「それってすべての人にあてはまるの？」

　そのとおり。すべての人にあてはまるわけではないのです。発達心理学の理論は研究によって得られたデータに基づく標準的なメカニズムを示していることが多いのです。つまり、それらが示している発達のメカニズムは、すべての人の発達を反映しているわけではありません。そこには**個人差や多様性**が存在します。たとえば、前節で紹介した末期がん患者の死に向かう5段階プロセスに関しても各段階が現れる順序や、各段階が継続する期間も様々であることをキューブラー - ロス自身が述べています。

　つまり、ある状態に至ったり、ある能力を獲得するまでの道のりやスピードは個々人によって様々なのです。言ってしまえばごく当たり前のことですが、体系的な知識の集まりである理論を学び始めると、この当たり前のことを忘れてしまうときがあります。特に医療や保健、福祉といった職種を目指す人たちは、標準的な発達理論を学びながら、常に個人差や多様性を視座に入れることは非常に重要です。

■ 3.13　発達障害

　発達の個人差や多様性に関連して、本章の最後に「発達障害」を取り上げます。「発達障害」という言葉はみなさん聞いたことがあ

50 ■第3章　発達心理学

ると思います。テレビ番組でもしばしば特集が組まれます。

　発達障害とは脳の成熟のプロセスに関する障害であると言えます。脳の働き方の特徴により、物事の捉え方や行動のパターンに影響が見られます。特に発達の極めて早期からそうした影響が現れ、日常生活や学校生活、社会生活において困難が出てきている状態です。実は発達障害とは医学的な用語ではありません。発達障害は発達障害者支援法によって定義された言葉です。

　ここでは特に自閉スペクトラム症について取り上げます。自閉スペクトラム症の診断の中核は2つあります。「対人コミュニケーションと対人行動の困難さ」と「限局的、反復的な行動や興味のパターン」です。

　まず「対人コミュニケーションと対人行動の困難さ」ですが、これはさらに3つの要素に分けられます。1つ目は他者との社会的なやり取りや気持ちを伝え合うことの困難です。たとえば会話を継続することや、自分が興味あることを他者と共有して分かち合うことが苦手な傾向があります。また、いわゆる「空気を読む」ことが苦手で、思ったことをそのまま言ってしまったりといった暗黙のルールを読み取ることが苦手です。2つ目は非言語的コミュニケーションの困難さです。たとえばしぐさや視線を使ったコミュニケーションに苦手さが見られることがあります。3つ目は対人関係の構築、維持、理解することの困難さです。友人関係を作ることが難しかったり、一方的な友人関係だったりすることがあります。次に「限局的、反復的な行動や興味のパターン」です。特定の物や手順への強いこだわりであったり、特定の感覚に対する敏感さや鈍感さが見られる場合もあります。

　こうした2つの特徴を発達の早期から持っており、現在の生活に大きな困難が生じているときに診断がなされます。逆に言えば上記のような特徴を有していたとしても、生活に大きな問題や困り感が

なく、適応的な生活を送れているならば診断はなされません。千住（2014）は診断について、「レッテル張り」のために行うのではなく、本人の困っているところや有効な支援を検討するために行うものであることを強調しています。

　つまり、上記のような2つの特徴を有しており、それが著しい困難を引き起こしている場合もあれば、大きな困難を引き起こさずに適応できている場合があるということです。こうした違いをどのように考えればよいでしょうか。たとえば本人側の要因と環境の要因の2つに分けて考えることができます。自閉スペクトラム症は、本人側の要因としては先天的な脳の機能に関する問題が想定されています。そうした要因によって物事の捉え方や行動パターンに特徴が見られます。そうした場合に、本人への「教育」や「訓練」などの本人の社会的なスキルを高めるような支援方法もあります。本人がスキルを高めることによって社会への適応が増すこともあるでしょう。一方、環境側の要因としては子どもであれば家庭や学校です。自閉スペクトラム症の人は目で見た情報を理解することや、明確な指示に従うことは得意な人が多いです。逆に言えば耳で聞いた情報や、曖昧な指示を理解することは苦手な人が多いとも言えます。家庭や学校で親や教師が本人の得意なところに基づいたかかわり方を意識することによって、本人が適応的な生活を送れる可能性が高まるということもあります。社会における「障害」や「適応」は個人の内部に存在するのではなく、個人と環境との相互作用によって生じてくる現象であると捉えることで、より多様な支援の可能性を探ることができます。

　また、自閉スペクトラム症は発達の極めて早期からその特徴が現れることを説明してきましたが、決して子どもだけの障害ではありません。思春期における性の問題や青年期以降の就労などが大きなテーマになってきます。さらに、本人を支える家族への支援も必要

です。発達のプロセスにおいて継ぎ目のないシームレスな支援が求められています。

文　献

エリザベス　キューブラー－ロス　著・鈴木　晶　訳：死ぬ瞬間――死とその過程について，読売新聞社（1998）

藤村宜之　編著：発達心理学――周りの世界とかかわりながら人はいかに育つか（いちばんはじめに読む心理学の本），ミネルヴァ書房（2009）

長谷川寿一・東條正城・大島　尚・丹野義彦：はじめて出会う心理学，有斐閣アルマ（2000）

鹿取廣人・杉本敏夫・鳥居修晃　編：心理学　第4版，東京大学出版会（2011）

川野健治：自死遺族の精神保健的問題，精神神経雑誌，**113**（1），87-93（2011）

前田明日香・荒井庸子・井上洋平ほか：自閉症スペクトラム児と親の支援に関する調査研究，立命館人間科学研究，**19**，29-41（2009）

西　研：ヘーゲル・大人のなりかた，NHKブックス（1995）

岡本祐子・深瀬裕子　編著：エピソードでつかむ生涯発達心理学（シリーズ　生涯発達心理学1），ミネルヴァ書房（2013）

岡本祐子：中年からのアイデンティティ発達の心理学――成人期・老年期の心の発達と共に生きることの意味，ナカニシヤ出版（1997）

西條剛央：構造構成主義とは何か――次世代人間科学の原理，北大路書房（2005）

サトウタツヤ・渡邊芳之：心理学・入門――心理学はこんなに面白い，有斐閣アルマ（2011）

サトウタツヤ：学融とモード論の心理学――人文社会科学における学問融合をめざして，新曜社（2012）

千住　淳：自閉症スペクトラムとは何か――ひとの「関わり」の謎に挑む，ちくま新書（2014）

滝川一廣：新しい思春期像と精神療法，金剛出版（2004）

鷲田清一：じぶん・この不思議な存在（講談社現代新書），講談社（1996）

第4章

臨床心理学

心理的問題や不適応行動を考える─────●

■ 4.1　臨床心理学とは

　臨床心理学とは、いったいどういう学問なのでしょうか？　ここではAPA（米国心理学会）における臨床心理学の定義を引用しながら、説明します。

　「科学、理論、実践を統合して、人間行動の適応調整や人格的成長を促進し、さらには不適応、障害、苦悩の成り立ちを研究し、問題を予測し、そして問題を軽減、解消することを目指す学問である」とされています。

　長い文章ですので、3つのパートに分けて考えてみましょう。

　まず後半部分です。「問題を軽減、解消することを目指す」と書かれています。臨床心理学は心理・行動上の問題を抱えている人の支援に役立つ学問といえます。医療や福祉を学ぶみなさんは将来のことを想像してみてください。将来出会う患者さんや対象者の方々は何らかの心理・行動上の問題を抱えている可能性があります。そうした方々を支援する際にどのような支援方法が有効なのでしょうか。本書では支援方法の具体性について紹介していきます。

　次に中盤部分です。「不適応、障害、苦悩の成り立ちを研究」と書かれています。心理・行動上の障害はどのようなメカニズムがあるのでしょうか。たとえば、みなさんは外から帰ってきたら手を洗うと思いますが、それは数秒程度で終えることができると思いま

4.1　臨床心理学とは■55

す。でも手洗いを数時間しなければ安心できないというふうになってしまったらどうでしょう。日常生活に大きな支障が出てきます。いわゆる強迫症と呼ばれるものです。こうした強迫症のメカニズムもこれまでの研究によって明らかにされてきたものがあります。

　最後に前半部分です。「人間の適応調整や人格的成長を促進」と書かれています。臨床心理学は主に心理・行動上の問題を扱っていますが、それだけではなく、もっと広く人間の生き方や心理的な成長といった幅広い視野をもった学問でもあるのです。つまり、みなさんが心理・行動上の問題を抱えていなかったとしても、臨床心理学を学ぶことは自分自身の心の健康や成長に役立つかもしれません。さあ、次節から臨床心理学の中身について紹介していきます。

ワーク

心理的な悩みを抱えている人と接する際に、みなさんはまずどのようなことを心がけていますか？

4.1　臨床心理学とは■ 57

■ 4.2　心理・行動上の問題の分類について

　さて、臨床心理学の大きな目的は、心理・行動上の問題の理解と支援であることを紹介しました。心理・行動上の問題は私たちの誰もが抱えているといってもいいかもしれません。そうした心理・行動上の問題の異常・正常についてはどのように分類されるのでしょうか。「私の今の状態って正常なんだろうか？　異常なんだろうか？」と考えたことがある人もいると思います。

　ここでは心理・行動上の問題について医学の立場からの分類を紹介します。米国精神医学会（American Psychiatric Association）により作成された DSM（Diagnostic and Statistical Manual of Mental Disorders：精神疾患の診断・統計マニュアル）が国際的に広く用いられています。現在は2013年に改訂された第5版（DSM-5）が用いられています。DSM-5では心理・行動上の障害が22のカテゴリーに分類されており、それぞれのカテゴリーの中に診断名が列挙されています。（表4.1）

　ここで、DSM-5への改訂にあたり、日本語訳を担当した専門家の間で議論になった点をひとつ紹介します。それは"disorder"の訳語についてです。特に児童・青年期においては、「障害」という言葉を使うことで当事者や家族が心理的な衝撃を受けるので、「症」という言葉を使ったほうが良いのではないかという意見や、一方で「症」という言葉を使うことで過剰診断につながるのではないかという意見もありました（日本精神神経学会精神科病名検討連絡会、2014）。最終的には「症」と「障害」を併記する形や、「障害」という言葉を使う形などが混在することになりました。

　この議論と結末。みなさんはどのように感じ、どのように考えるでしょうか？

58 ■第4章　臨床心理学

表 4.1　DSM-5 の診断カテゴリーと診断名の一例

診断カテゴリーの一例	診断名の一例
神経発達症群/神経発達障害群	自閉スペクトラム症/自閉スペクトラム障害
不安症群/不安障害群	パニック症/パニック障害
強迫症および関連障害群/強迫性障害および関連障害群	強迫症/強迫性障害
食行動障害および摂食障害群	神経性やせ症/神経性無食欲症

■ 4.3　強迫症/強迫性障害

　強迫症/強迫性障害は、強迫観念と強迫行為から構成されています。強迫観念とは、同じ考えやイメージが繰り返し頭に浮かんできて、自分でも馬鹿らしい考え、不合理な考えだとわかっていながら、それを抑制することができないものです。強迫観念は汚染に関するもの、物事の位置や順序に関するもの、性的なものなど人によって様々です。たとえば汚染に関するものであれば「菌や汚れが広がって大変なことになってしまうのではないか」といったものがあります。

　強迫行為とは強迫観念によって生じた不安を何とか和らげようとして行われる何らかの行為です。たとえば先ほどの汚染に関するものであれば、1 日に何十回と手を洗ったり、あるいは 1 回の手洗いに何十分もかける行為です。

　重篤な場合には強迫行為に費やす時間だけで 1 日が終わってしまうケースもあります。また、少しでも汚れそうな場所には近づかないようにしたり、汚れそうなものを触らないようにしたり、場合によっては外出することも困難になります（図 4.1）。

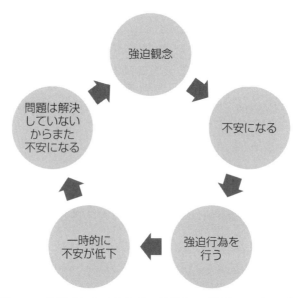

図 4.1 強迫症における心理・行動上の悪循環のメカニズム

■ 4.4 不安症/不安障害

　不安が強く、心理・行動上の障害を引き起こす症状を総称し、不安症といいます。ここでは不安症の種類をいくつか紹介します。

　社交不安症は対人場面での強い不安感により、大きな苦痛を感じ、対人場面を回避するようになり生活に支障が出ている状態です。たとえば人前で話す場面で「変に思われるのではないか」とか「恥をかくのではないか」といった考えが生じます。そこで、何とかその場面を切り抜けようと早口で話してみたり、下を向いて話してみたりします。こうした行為を**安全保障行動**と呼びます。しかしそうした行動によって、周囲からどのように見られているか余計に気になってしまうといった悪循環が生じます。このような心理・行動上のメカニズムがこれまでの研究によって示されています（図4.2）。

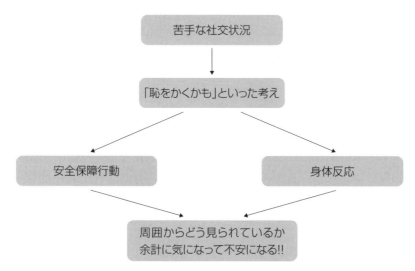

図 4.2　社交不安症における心理・行動上の悪循環のメカニズム

　パニック症は、予期しない**パニック発作**およびパニック発作に対する強い恐れから引き起こされる**回避行動**によって生活に支障が出ている状態です。たとえば、パニック症の人が苦手な電車に乗ったとき、「また発作が起こるかもしれない」と考え、不安、恐怖が生じます。そして、少し息苦しさや吐き気を感じたときに、「これは発作が起こる前兆だ」と考え、さらに不安、恐怖感が高まります。こうした悪循環の結果として動悸や息苦しさ、死への恐怖といった複数の反応が突発的に生じるパニック発作の状態になります。こうした経験を繰り返すうちに、電車に乗るといった行動を回避するようになり、生活に支障が生じます。

■ 4.5　心理アセスメント

　臨床心理学の大きな目的のひとつが「問題を軽減、解消すること」です。そのためには、対象となる問題に関して情報を収集し理

解することが必要です。こうした作業を**心理アセスメント**と呼びます。

　心理アセスメントの方法としては大きく**面接法、観察法、検査法**に分類できます。

　面接法では主に会話を通して情報を得ます。その際、言葉はもちろんですが、表情やしぐさなど非言語的な情報も収集できます。言葉や非言語的な情報から対象者の価値観や感情などの内的な性質を理解できることが面接法の特徴です。また面接法は質問項目の内容や順序の構造化の程度によって分類することもできます。事前に設定した質問項目の内容や順序を変更せずに実施する方法を構造化面接といいます。一方、事前に設定した質問項目や順序を実際の面接場面で柔軟に変更したり、必要に応じて質問項目を追加する方法を半構造化面接といいます。

　面接法では特に、相手との信頼関係を形成することが重要です、そのために面接者には**共感的、受容的**に会話をする能力が求められます。

　観察法は主に行動を見ることで情報を得ます。したがって、何らかの事情によって会話が難しい対象者や乳幼児にも適用できる方法です。観察法は場面の設定の仕方によって分類することができます。対象者の普段の生活場面における行動をあるがままに観察する方法は自然観察法と呼ばれます。たとえば子どもを対象とした場合では、普段の教室での様子を観察します。一方で観察者が意図的に環境を設定し、その環境での行動を観察する方法は実験的観察法と呼ばれます。観察法は行動の生起頻度や、持続時間など、収集した情報を量的に記録できるため客観性を確保しやすいという利点があります。また、複数の観察者で記録することで、記録の一致率などを検証し、正確な観察ができているかをチェックすることもできます。

62 ■第4章　臨床心理学

検査法はこれまでの心理学の歴史の中で様々なものが開発されてきました。能力検査とパーソナリティ検査に分類できます。能力検査の代表的なものは**知能検査**です。知能検査が測定する知能とは知的な課題を処理する能力と言えます。教育場面で知能検査が用いられるときは、特別な支援が必要な子どもに関して得意な領域や苦手な領域を検査結果から読み取ることで支援の方向性を検討することができます。よく用いられる知能検査はウェクスラー式の知能検査です。言語性の検査と動作性の検査から構成されており、それぞれに複数の下位検査が設定されています。検査全体の知能指数はもちろんですが、それぞれの下位検査の結果から被検者の特徴を読み取ることができます。対象年齢によって成人用の WAIS（Wechsler Adult Intelligence Scale）、児童用の WISC（Wechsler Intelligence Scale for Children）などがあります。

　さて、みなさんは自分の知能の程度を知りたいと思うでしょうか？　知りたいという人もいるかもしれませんが、なかには「嫌だなあ」と感じる人もいるでしょう。知能検査に限らず、個人差の程度を測定する検査の実施にはデリケートでありたいですね。検査を実施する目的などを丁寧に説明し同意を得る必要があります。また、検査結果を被検者にフィードバックする際にも細心の配慮が必要です。最後に知能検査の結果を解釈する際の注意点をひとつ。知能検査の結果は被検者の知能の程度を反映していると考えられますが、他の要素も影響している可能性が常にあります。たとえば、検査時の意欲や、検査者との人間関係なども結果に影響を及ぼすかもしれません。そうした要素も含めた検査結果の総合的な解釈が必要です。

　パーソナリティ検査は質問紙法と投影法に分類できます。質問紙法とは紙に書かれた質問項目に対し「はい」「いいえ」などあらかじめ定まった項目を選択させたり、最も当てはまるものを選択させ

4.5　心理アセスメント　■ 63

表4.2　パーソナリティ検査の一例

質問紙法

・YG 性格検査
・東大式エゴグラム（TEG）

投影法

・ロールシャッハテスト
・バウムテスト

る方法です。質問紙法の利点は検査結果の解釈に主観が入りにく
く、検査の実施も比較適容易である点です。一方で、被検者が意図
的に回答を歪めたり、また社会的な望ましさの観点から回答してし
まい表面的な結果になりやすいという限界もあります。投影法は曖
昧で人によって違った意味に捉えられるような図形や言葉を被検者
に提示し、それに対する被検者の反応を分析する方法です。被検者
に検査の意図が伝わりにくいため、意図的に反応を修正されにくい
特徴があります。しかし、検査の意図が伝わりにくいということは
被検者の立場からすれば不安が高まりやすいとも言えます。検査結
果の解釈は検査者の主観が入りやすく、熟練を要します（表4.2）。

■ 4.6　心理検査を使用する際の注意点

　これまで心理アセスメントの種類について紹介してきましたが、
実際の使用については注意すべき点がいくつかあります。
　さて、専門家が使用する心理検査とコンビニで売られている雑誌
などに載っている心理検査の大きな違いは何でしょうか。それは検
査の有用性がデータによって検討されているか否かです。専門家が
使用する心理検査の多くは、実用化の前段階で検査の有用性が**信頼**

64 ■第4章　臨床心理学

性と**妥当性**という概念で検討されています。信頼性とはその検査の一貫性と正確性を表すものです。妥当性とはその検査が測定したいものをどれだけ的確に測定できているかを表すものです。専門的な心理検査は、この信頼性と妥当性が様々な方法で検討され、ある程度保障されているのです。したがって、将来、みなさんが患者さんの心理状態をアセスメントするために心理検査を使用する際には、その検査の信頼性と妥当性がどのように検討され保障されたものかを確認することを忘れずに。また、どんな検査であっても信頼性と妥当性が完全に保障されているわけではありません。つまり、どんな検査であれ100% 正しく測定できているわけではないという謙虚な視点をもっていることも重要です。

■ 4.7　心理的問題への介入理論　①精神分析

　さて、ここからは心理的問題への介入理論として代表的なものをいくつか紹介します。

　まずは精神分析です。S. フロイトの名前は聞いたことがある人も多いのではないでしょうか。S. フロイトは、19 世紀後半から 20 世紀前半にかけて精神分析の理論を提唱しました。S. フロイトは人の心が自我、超自我、エス（イド）という 3 つの要素で構成されているという考え方を提唱しました。

　S. フロイトはいまでいう強迫症などの患者さんへの治療を通じて、患者さんが示す様々な症状は無意識に**抑圧**された感情が形を変えて出現したものだと考えました。抑圧とは自分にとって認めがたい欲求や感情を封じ込めて感じないようにすることで、無意識的に行われるものです。そしてその無意識に追いやった欲求や感情を意識化することで治療が進展すると考えました。

　無意識を意識化する方法として精神分析では**自由連想法**という方

4.7　心理的問題への介入理論　①精神分析■65

法が用いられます。これは患者さんを寝椅子に横たわらせ、頭に浮かんできたものはすべて言葉にさせる方法です。セラピストは患者さんが語ることに対して「それは○○ということですか？」といった**明確化**や、患者さんが示す矛盾点や明らかに避けていると考えられる点について疑問を呈し直視させる**直面化**などの作業をします。また、自由連想の途中で患者さんが沈黙して何も話さなくなったときには、**抵抗**が生じていると考えます。つまり自分にとって直面しがたい話題になった際に、沈黙や話すことに対する拒否感の表明などが見られ、そこに無意識の抑圧が存在するのではないかと精神分析では考えるのです。

　他にも治療の経過で起こる様々な出来事も患者さんの無意識の現れだと考えます。たとえば、患者さんが予約していた時間に遅刻してきたときも、単純な遅刻ではなく、やはりそこに抵抗が生じているのではないかと考えます。治療者は患者さんが何を抑圧しているのかを患者さんと一緒に考え分析していきます。また、治療場面では、患者さんが治療者に対し過度に依存的になったり、あるいは逆に攻撃的になったりするようなことがあります。これはもちろん治療者に対する患者さんの正当な反応であると考えられますが、精神分析では特に**転移**という概念でこうした現象を説明しています。転移とは患者さんが過去の重要な他者（代表的なものは幼少期における親）に向けていたイメージを無意識のうちに治療者に向けるというものです。治療者は治療場面で生じている転移について分析し、患者さんと共に考え、無意識の意識化を促していきます。

　また、S. フロイトは**防衛機制**という考え方を提唱しました。これは、自我が自分を守るために無意識的に発動されるものとされています。これまで述べた「抑圧」は防衛機制の代表的なもののひとつです。抑圧そのものは健康的な側面があります。自分にとって認めがたい感情などを感じないことで私たちの心は守られ、平穏無事を

表4.3　フロイトによる精神・性的発達理論

時期	発動しやすい防衛機制の例
口唇期 （誕生から1歳半）	投影……自分の中の認めがたい感情を相手のものとすること
肛門期 （1歳半から3歳）	反動形成……本来の願望とは逆のことをする
エディプス期 （3歳から6歳）	退行……より早期の発達段階に戻る（いわゆる赤ちゃん返り）
潜伏期 （6歳から12歳）	合理化……満たされない欲求を「もともと必要なかった」と理由をつけて傷つかないようにする
性器期 （12歳以降）	置き換え……特定の欲求を本来向くべき相手とは別の対象に向ける

保たれているという側面があります。しかし抑圧が過度になり柔軟性を欠いたときには症状に結びつくわけです。防衛機制は発達のプロセスとも関連が深いとされており、S.フロイトは防衛機制との関連を示した**精神・性的発達理論**を提唱しました。この理論では性的に満たされる身体部位の変遷によって5段階に分類されており、それぞれの段階で欲求が十分に満たされなかったり、あるいは過保護にされた場合に形成されやすい性格特徴や、その後に生じやすい防衛機制があるとされています（表4.3）。

■ 4.8　心理的問題への介入理論　②クライエント中心療法

　クライエント中心療法は20世紀半ばにロジャーズによって創始されました。ロジャーズは児童相談所で不登校や非行少年との面接の経験からこの理論を展開していきました。クライエント中心療法には基盤となる人間観があります。人は本来的に成長していく力を潜在的に持っているというものです。そうした成長可能性を信頼

し、十分に発揮できるような状況を作っていくことがセラピストの大切な役割だとされています。

　では、どのような状況で人は成長可能性を伸ばしていけるのでしょうか。クライエント中心療法では、セラピストが特に3つの条件を満たしているときに、クライエントに肯定的な変化が生じるとされています。そしてこの3つは技法というよりも態度としての側面が強いとされています。

　1つ目は**無条件の肯定的配慮**と呼ばれるものです。「受容」というとわかりやすいかもしれません。クライエントに対し条件付きで存在を認めるのではなく、性格の長所や短所、理想と現実のギャップや矛盾など、あるがままに尊重する姿勢です。このような姿勢、態度がまず重要だとされています。さて、「受容」というと「すべてを受け容れる」といった印象をもつかもしれません。たとえば、クライエントが誰かに対しての怒りから暴力的な行為をしていたとします。みなさんはこれを「受容」することができるでしょうか？そうした行為をすべて認めて受け容れることはできないはずです。その行為に安易に同意することは「受容」ではありません。こういう場合には感情の受容と行為の受容を分けて考えることができるかもしれません。他者に対して暴力的になってしまうほどの背景には、ひょっとしたら、自分が正当に評価されていないといった不満や悲しみがあるかもしれません。そのためにはそうした行為に至るまでの気持ちをじっくり丁寧に聴く必要がありますよね。そして、そうした行為の背景にある気持ちを受容することはできるかもしれません。

　2つ目は**共感的理解**です。いわゆる共感です。これはクライエントが抱えている問題について、クライエントと同じ立場に立てるほどに理解し、その理解に基づいてクライエントの世界を感じ取ろうとし、そこで感じられたことをクライエントに伝え返すことです。

68 ■第4章　臨床心理学

つまり、相手の立場で感じ取ろうとすることだけでは共感とは呼べません。つまり「ああ、この人の立場だったら、こんな辛さがあるんだなあ」と感じ取っているだけでなく、それを相手に言葉で伝え返す作業を含めて共感という態度になります。これは決して簡単なことではないですね。どんなに相手の立場に立って感じ取ろうとしても、100％正確に相手と同じように感じることはできません。だからこそ、セラピストは感じ取ったことを相手に伝える際には断定口調ではなく、慎重に謙虚に伝えることが大切です。

3つ目は**自己一致または純粋性**と呼ばれるものです。これはセラピストが感じていることと実際の振る舞いや発言が一致していることです。

上記の3つの条件をセラピストとして満たすことは決して簡単ではありません。ただし繰り返しになりますが、完全に満たしきることが求められているわけではないのです。このような3つを意識した態度を持ち続けようとすることが重要だとされています。さて、このような3つの条件がそろったときに生じるクライエントの変化をロジャーズは**自己概念**と**体験**という言葉で説明しています。自己概念は様々な体験の積み重ねによって構成される自己像です。この自己概念と自分が実際に感じている体験との間にズレが生じたときに、そのズレを認めることができないときに心理的不適応状態になるとされています。たとえばある人が「自分は他者に対して思いやりがあって優しいのが特徴だ」という自己概念を持っていたとしましょう。あるときに他者に対してものすごくイライラして憤りを実際に感じたとします。このときに実際に感じた他者に対する憤りは自己概念とは矛盾するものです。自己概念とは異なる実際に感じた憤りを自身のものとして認めることができないときに、人は心理的に不適応になるというのです。そこで、クライエントはセラピストの受容的、共感的な態度に触れることで、自己概念とは異なる体験

4.8　心理的問題への介入理論　②クライエント中心療法■ 69

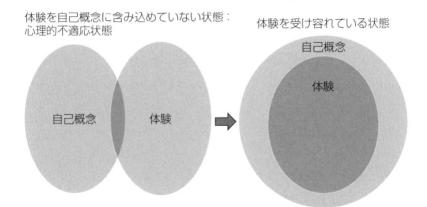

図4.3 クライエント中心療法による肯定的な変化のイメージ

をも自身のものとして受け容れることができる状態に変容していくとされています。

つまり、他者からの受容を経て、はじめて人は自分で自分を受容する自己受容の状態に至ると言えるかもしれません（図4.3）。

ワーク

自分自身が心理的成長を感じるのはどんなときですか？ またそれはどのような経験を通して成長につながったでしょうか？

4.8　心理的問題への介入理論　②クライエント中心療法■ 71

■ 4.9　心理的問題への介入理論　③行動療法

　行動療法が得意としているものは2つあります。

　1つは不安や恐怖の低減です。不安や恐怖によって生活に支障が出ている人に対し、行動療法では**エクスポージャー**という方法を適用します。エクスポージャーは曝露法とも呼ばれるもので、不安や恐怖を喚起する刺激に曝すものです。不安や恐怖はその状況に直面し続けていると時間とともに低下していくという理論に基づく技法です。

　たとえば先に紹介した電車への恐怖を感じているパニック症を例に説明します。この患者さんにとって不安や恐怖を喚起する刺激は電車になります。その電車を回避することで一時的な安心を手にしていたわけですが、エクスポージャーでは電車という刺激に直面するわけです。つまり電車に乗ることへのチャレンジです。とはいえ、このチャレンジはとても勇気のいるものですね。いきなり電車に乗ることは難しいかもしれません。そこでエクスポージャーでは、不安階層表というものを作成し、患者さんに段階的にチャレンジしてもらうことが多いです。不安階層表とは不安を引き起こす状況を不安の程度によって数値化し、その数値の高いもの（あるいは低いもの）から順に並べ替えたものです。

　エクスポージャーを実際に適用する際のポイントを1つ。それは不安の低下を実感できるまでその状況にとどまり続けるということです。たとえばある駅から4つ先の駅まで普通電車に乗って行くという状況にチャレンジしたとしましょう。その際に少し不安を感じてすぐに1つ目の駅で降りてしまっては、エクスポージャーの効果は得られません。患者さんにはその状況に直面し続けることで、不安が低下することを実感してもらう必要があります。繰り返しになりますが、エクスポージャーは不安や恐怖に向き合う方法です。だ

72 ■第4章　臨床心理学

からこそ、セラピストの丁寧な説明と患者さんの同意、意欲が必要です。エクスポージャーによって患者さんが本来望む生活や行動の拡大を後押しします。

行動療法が得意とするものの2つ目は特定の行動の「起こりやすさ」のコントロールです。望ましい行動の「起こりやすさ」は上げたいと思いますし、逆に望ましくない行動の「起こりやすさ」は下げたいと思うものですよね。このようなときに参考になるのが**応用行動分析**という方法です。まずは日常的な行動を取り上げてみます。私は大学で授業をするために教室に行って毎回「マイクのスイッチを入れる」という行動をします。この行動は非常に「起こりやすい」わけです（ほぼ100％その行動が生じますので定着しています）。ではなぜ私の「マイクのスイッチを入れる」という行動が起こりやすくなっているのでしょうか？　ここではその行動の直後の結果が大きく影響していると考えます。マイクのスイッチを入れた直後に、「普通の声で話して後ろの席の人まで声を届けることができる」という私にとって良い結果が生じています。つまり、その行動によって、状況が良い方向に変化しているのです。私たちはある行動の直後に良い結果を手に入れたときに、その行動がその後も「起こりやすくなる」と言えます。逆にマイクのスイッチを入れてもまったく声のボリュームが変化しなかったらどうでしょう。何度もスイッチを入れるという行動を一時的に繰り返しますが、そのうちその行動をしなくなるでしょう。つまり、私たちの行動の将来的な「起こりやすさ」は、その行動の直後の結果の影響を強く受けると考えられます。これが応用行動分析のベースとなる考え方です。（図4.4）

さて、次はもう少し臨床的な例で考えてみましょう。授業中に友達を叩くという行動が頻回に起こっているAさんとBさんという子がいたとします。この行動は望ましくない行動といえそうですよ

4.9　心理的問題への介入理論　③行動療法■73

図 4.4 マイクのスイッチを入れるという行動の前後関係

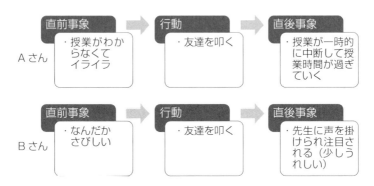

図 4.5 「友達を叩く」という行動の A さん・B さん、それぞれの前後関係

ね。応用行動分析では行動の前後に注目します。つまり「友達を叩く」という行動の直前の事象と直後の事象に注目します。すると図4.5 に示すことがわかったとします。直前の事象はもちろんですが、直後の事象が「友達を叩く」という行動に影響を与えていると考えてみましょう。そして、A さんと B さんは同じ行動を示していますが、直後の事象を見るとそれぞれ異なった結果を得ています。つまり同じ行動であっても、その行動の意味は異なっていると言えます。したがって、A さんと B さんへの対応や支援の手立ては同じではないはずです。応用行動分析はこのようにひとりひとりの行動の意味に即した支援を展開する際に参考になります。

そして、ここでも思い出してください。心理学の特徴である環境

との相互作用で現象をとらえる視点です。応用行動分析は、行動を
環境との相互作用で捉えているわけです。

ワーク

図 4.5 を参考に、A さん B さんそれぞれの「友達を叩く」という行
動を起こりにくくするために周囲はどのような対応ができるでしょ
うか？　考えてみましょう。また、A さん B さんはそれぞれ、授業
中に友達を叩かずに授業に取り組んでいる時もあることがわかりま
した。「友達を叩かずに授業に取り組む」という行動がその後も起こ
りやすくなるために周囲はどのような対応ができるでしょうか？

A さんの「友達を叩く」という行動が起こりにくくなるための周囲
の対応

B さんの「友達を叩く」という行動が起こりにくくなるための周囲
の対応

4.9　心理的問題への介入理論　③行動療法 75

「友達を叩かずに授業に取り組む」行動が起こりやすくなるための
周囲の対応

4.10 心理的問題への介入理論 ④認知療法

認知療法は、A.T. ベックにより創始されました。A.T. ベックはもともと精神分析を専門にしていましたが、その後、自動思考やスキーマといった概念を提案し、認知療法の理論を作っていきました。自動思考とは出来事や状況に対し自動的に浮かんでくる考え方を言います。スキーマは自動思考よりも深いレベルでのその人の価値観や信念などを指します。認知療法では自動思考やスキーマといった認知（ここでは物事の捉え方の意味）が感情に大きな影響を与えている考えが基本になります（図4.6）。たとえばうつ病を例にしてみると、気分の落ち込みといった感情は、「自分は役に立たない人間だ」といった認知によって引き起こされると考えるのです。したがって、認知療法では患者さんの認知を柔軟に修正していくことで感情の問題を改善していこうと試みます。その技法として**認知再構成法**があります。認知再構成法では以下のような作業をコラム形式で紙に書いて進めることが多いです。

①患者さんの非機能的な自動思考を同定します。

②それを多様な角度から検討します。この際にはその自動思考の根拠は何か？　と自分に問いかけたり、他の人がもし同じ状況だったらどんなふうに考えるだろうか？　などを問いかけたりして、自動思考とは別の考え方を探っていきます。決してポジティヴシンキングを目指す必要はありません。

③自動思考とは別の考え方を紙に書いてみます。このときも自動思考を全否定する必要はありません。○○という考え方もある

図4.6　認知療法の基本理論

し、△△という考え方もできるなあ、といったふうに考え方の
バリエーションを増やすようなイメージです。

　また、A.T. ベックは、認知療法の効果を科学的に検証すること
に力を注ぎました。このようにセラピーの効果を実証しようとする
姿勢はその後の臨床心理学の流れに大きな影響をもたらしました。

　さて、ここまで行動療法、認知療法と紹介してきました。現在で
はこの 2 つが統合されたものとして**認知行動療法**と総称されること
が多くなってきています。認知行動療法は行動療法の技法と認知療
法の技法を組み合わせたものと言えます。

■ 4.11　心理的問題への介入理論　⑤ナラティヴセラピー

　ナラティヴセラピーは、M. ホワイトと D. エプストンによって提
唱されました。その後、様々な実践家によって多様な広がりを見せ
ており、ナラティヴセラピーを一言で定義することは容易ではあり
ません。ただし、社会構成主義を背景としているという点では共通
しています。社会構成主義は次のように考えます。「人と人との言
葉による相互作用を通じて現実が構成される。」言葉が現実を作る
とは、どういうことでしょうか。たとえば、医療現場における病名
告知。これも医療者から患者さんへ言葉を通じて告げられます。病
名を告げるか否か、余命を告げるか否か。これらによって患者さん
の生きる現実は一変します（野口、2002）。

　このように言葉によって私たちの現実が構成されていると考える
のが社会構成主義であり、そうした考えに基づいてセラピーを進め
ていくのがナラティヴセラピーです。ナラティヴは「物語」と訳さ
れます。私たちが抱える心理的な問題も、社会的な相互作用によっ
て構成された物語であり、そのため新たな社会的相互作用によって
物語は再構成されうると考えます。セラピーの場は、まさに新たな

78 ■第 4 章　臨床心理学

社会的相互作用のひとつです。患者さんにとって影響の大きなそれまでの物語、支配的な物語（ドミナントストーリー）に対し、別の物語（オルタナティヴストーリー）をセラピストと患者さんで共に創造していくことがナラティヴセラピーの目指すところです。

　さて、このような別の物語（オルタナティヴストーリー）を創造するために参考になるのが**ユニークな結果**という概念です。ここでは行動療法のワークで示した事例を使って説明します。「友達を叩く」という子がいました。しかし、よくよく観察してみると、静かに座って授業を受けているときがあることがわかったのでしたね。これがユニークな結果と言えます。ユニークな結果とは問題が影響を及ぼしていない例外的な現象です。これは、本人も学校の先生もそれほど注目していなかった現象です。セラピストはこうしたユニークな結果に注目し、それに関しての会話を続けていくことで、このユニークな結果が「物語」に含まれていくことを後押しするのです。「友達を叩く子」といったドミナントストーリーに対し、「静かに授業を受けているときもある」というユニークな結果に光を当てることでオルタナティヴストーリーが展開していくのです。

4.11　心理的問題への介入理論　⑤ナラティヴセラピー■79

ワーク

自分自身の現在の悩みをひとつ挙げてみましょう。そのうえで、ユニークな結果を探してみましょう。つまり、その悩みに自分が振り回されなかったときや、ほんの少しでもうまくいった経験を思い出してみましょう。そして、そのユニークな結果はどうして生じたのか、書いてみましょう。

■ 4.12　心理学的介入を実践するにあたり

　ここまで心理・行動上の問題に対する介入理論をいくつか紹介してきました。本書で紹介した以外にも数多くの介入理論が存在します。実際に患者さんにそうした理論を用いてかかわる際に、どんなことを心がけたらよいのでしょうか。また、そもそも数多くの介入理論の中から、何を基準にどのように理論を選択したらよいのでしょうか。セラピストの個人的好みでしょうか。

　そうした際の疑問に応える指針をここでは2つ紹介します。

　1つは**共通要因アプローチ**です。これは、様々な介入理論には共通する治療要因が働いており、それらを最大限に活かそうとする介入実践です。ランバートは様々な介入理論に共通する治療要因が治療関係であることを多くの研究を統合した結果から示しました（図4.7）。この結果に基づくならば、心理学的介入実践においては、まずは患者さんとの良い治療関係を構築することを重視するべきだと考えられます。そのうえで、患者さんの社会的サポート体制を最大

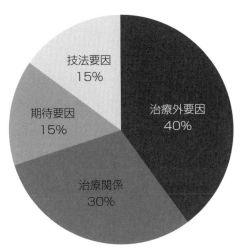

図4.7　患者さんの改善には何がどのくらい寄与しているのか

限に活かすことや、患者さんのセラピーへの期待や変化への動機づけを高めることなどを心がけるべきだと考えられます。

もう1つは、**心理学領域における科学的根拠に基づく実践（Evidence based practice in psychology：EBPP）**という考え方です。セラピストの個人的な好みではなく、科学的根拠に基づいて実践していこうとする考え方です。このような科学的根拠に基づいて実践していこうとする考え方は医療において提唱され、後に関連領域にも広がっていきました。みなさんが学んでいる専門領域（たとえば看護や理学療法や作業療法など）においても科学的根拠に基づく実践という考え方が提唱されているかもしれません。

心理学領域においては、これまでに効果が実証された介入法としては、たとえばうつ病に対する認知行動療法や、強迫症に対する曝露反応妨害法などがあります。EBPPとは、患者さんの○○症や△△病という診断名に基づき、それへの効果が実証された介入法を適用していくという実践…と捉えるのは正確ではありません。ときおりそのように誤解されることがあるので注意が必要です。EBPPとは「クライエントの特徴、文化、価値観の文脈において、可能な最良の研究知見と臨床的専門性を統合すること」（APA、2006）と定義されています（図4.8）。つまり、ひとりひとりの患者さんの価値観などを大切にしながら、そのうえで研究知見に基づき、専門性を活かした実践を展開していくことです。また、EBPPでは介入方法の選択と同じくらい、治療関係を考慮することが大切だとされています。図で示した「治療関係」に関する効果的な要素として「共感」、「治療目標に関する合意」、「患者さんからフィードバックを得ること」などが科学的根拠として挙げられています。

したがって、共感的な態度でかかわりながら、患者さんの意見や考えに耳を傾け、治療目標を共に設定していくこと。こうしたことが良い治療関係の構築に重要であると考えられます。

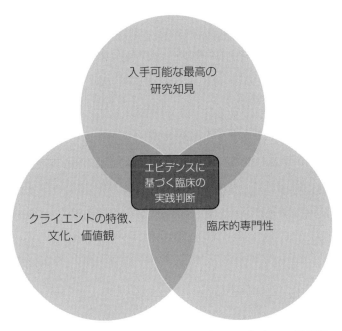

図4.8 Evidence based practice in psychology: EBPP

文 献

American Psychiatric Association: Diagnostic and Statistical Manual of Mental Disorders, 5th edition, text rev.；高橋三郎・大野 裕 監訳：DSM-5 精神疾患の診断・統計マニュアル，医学書院（2014）

APA Presidential Task Force on Evidence-Based Practice：Evidence-Based Practice in Psychology. *American Psychologist*, **61**, 271-285（2006）

東 斉彰・加藤 敬・前田泰宏 編著：統合・折衷的心理療法の実践——見立て・治療関係・介入と技法，金剛出版（2014）

保坂 亨・中澤 潤・大野木裕明：心理学マニュアル面接法，北大路書房（2000）

岩壁 茂：認知療法研究における質的研究の役割，統合的方法としての認知療法（東 斉彰 編著），pp. 79-111，岩崎学術出版社（2012）

岩壁 茂・福島哲夫・伊藤絵美：臨床心理学入門——多様なアプローチを越境する，有斐閣アルマ（2013）

国重浩一：ナラティヴ・セラピーの会話術——ディスコースとエイジェンシーという視点，金子書房（2013）

野口裕二：物語としてのケア——ナラティヴ・アプローチの世界へ（シリーズ ケアをひらく），医学書院（2002）

下山晴彦・能智正博 編：心理学の実践的研究法を学ぶ（臨床心理学研究法第1巻），新曜社（2008）

下山晴彦 編：よくわかる臨床心理学 改訂新版（やわらかアカデミズム・わかるシリーズ），ミネルヴァ書房（2009）

下山晴彦・丹野義彦 編：講座 臨床心理学3 異常心理学Ⅰ，東京大学出版会（2002）

徳田英次：図解入門 よくわかる 臨床心理学の基本としくみ（メディカルサイエンスシリーズ），秀和システム（2010）

若島孔文・生田倫子 編著：ナラティヴ・セラピーの登龍門，アルテ（2008）

索　引

■英字

Diagnostic and Statistical Manual of Mental Disorders, *58*

DSM, *58*

EBPP, *82*

Evidence based practice in psychology, *82*

PM 型, *23*

Pm 型, *23*

pM 型, *23*

pm 型, *23*

PM 理論, *23*

TALK の原則, *46*

WAIS, *63*

Wechsler Adult Intelligence Scale, *63*

Wechsler Intelligence Scale for Children, *63*

WISC, *63*

■あ行

愛着, *34*

アイデンティティ, *41*

アタッチメント, *34*

アッシュ, *21*

アリストテレス, *1*

安全保障行動, *60*

怒り, *17*

意識, *1*, *2*

維持機能, *23*

異文化コミュニケーション, *17*

ヴント, *1*

エクスポージャー, *72*

エクマン, *17*

エス（イド）, *65*

応用行動分析, *73*

恐れ, *17*

驚き, *17*

オルタナティヴストーリー, *79*

■か行

外言, *36*

回避行動, *61*

外面的自己, *12*

顔の表情, *16*

課題達成機能, *23*

悲しみ, *17*

感覚運動期, *31*

観察法, *62*

感情, *3*, *17*

感情表出, *16*

危機, *41*

規範, *21*

基本的信頼感, *34*

客体的自己, *10*, *11*

鏡映的自己, *11*

共感的理解, *68*

共通要因アプローチ, *81*

共同注意, *35*
強迫観念, *59*
強迫行為, *59*
強迫症, *59*
強迫性障害, *59*
勤勉性, *37*
クーリー, *10*, *11*
具体的操作期, *31*
クライエント中心療法, *67*
形式的操作期, *31*
傾倒, *41*
嫌悪, *17*
言語コミュニケーション, *8*, *16*
検査法, *62*
権力, *22*
構造化面接, *62*
行動, *1*
行動の科学, *1*
行動療法, *29*, *72*
幸福, *17*
高モニター, *12*, *13*
個人, *7*
コミュニケーション, *16*
孤立, *44*

■さ行
罪悪感, *36*
斎藤, *11*
ジェームス, *10*
シェマ, *31*
自我, *65*
自我同一性, *41*
自我同一性拡散, *41*
しぐさ, *16*
自己, *2*, *3*, *7*, *8*, *10*, *11*

自己一致, *69*
自己開示, *11*
自己概念, *69*
自己鏡映像認知, *35*
自己呈示, *11*, *12*
自己理解, *3*
自殺, *45*
自主性, *36*
実験心理学, *2*
質問紙法, *63*
自動思考, *77*
自閉スペクトラム症, *51*
社会, *7*, *17*
社会構成主義, *78*
社会心理学, *2*, *3*, *7*, *10*, *11*
社会的行動, *15*
社会的参照, *35*
社会的自己, *10*, *11*
社会的促進, *20*
社会的手抜き, *20*
社会的抑制, *20*
社交不安症, *60*
集団, *2*, *3*, *8*, *20*, *21*, *22*
集団の影響力, *21*
自由連想法, *65*
主体的自己, *10*
ジュラード, *11*
純粋性, *69*
生涯発達, *27*
自律性, *35*
新生児模倣, *32*
親密性, *44*
信頼性, *65*
心理・社会的危機, *32*
心理アセスメント, *62*

86 ■索　引

スキーマ, *77*
スキル, *13*
ストレス, *11*
スナイダー, *12*, *13*
性格, *3*
成熟モデル, *27*
成熟優位説, *29*
精神・性的発達理論, *67*
精神医学, *2*
精神的自己, *10*
精神分析, *65*
精神分析学, *1*
成長モデル, *27*
生理的早産, *32*
世代性, *44*
絶望, *48*
セルフ・コントロール, *3*
セルフ・モニタリング, *12*, *13*, *15*
セルフ・モニタリング尺度, *13*
セルフ・モニタリング度, *13*
セルフ・モニタリング得点, *13*
専制型, *22*
専制型リーダー, *22*
前操作期, *31*
相互作用, *20*
相互作用説, *30*
ソーシャルサポート, *11*
促進, *21*

■た行
第一次反抗期, *35*
体験, *69*
対象者, *3*
対人, *8*

対人距離, *16*
対人コミュニケーション, *16*
第二次反抗期, *40*
他者, *7*, *8*, *10*, *11*, *17*
妥当性, *65*
知能検査, *63*
中モニター, *13*
超自我, *65*
調節, *31*
直面化, *66*
治療関係, *82*
抵抗, *66*
停滞, *44*
低モニター, *12*, *13*
転移, *66*
投影法, *63*
同化, *31*
統合性, *48*
同調, *21*
同調行動, *8*, *21*
ドミナントストーリー, *79*

■な行
内言, *36*
内面的自己, *12*
ナラティヴセラピー, *78*
人間関係, *3*, *7*, *23*
認知行動療法, *78*
認知再構成法, *77*
認知療法, *77*

■は行
曝露法, *72*
恥・疑惑, *35*
発達課題, *32*

発達障害, *50*
発達心理学, *2*, *3*
パニック症, *61*
パニック発作, *61*
半構造化面接, *62*
万国共通, *16*
非言語コミュニケーション, *8*
非言語的コミュニケーション, *16*
表示規則, *17*
表情, *16*, *17*
不安階層表, *72*
不信感, *34*
物質的自己, *10*
不適応行動, *3*
普遍的な表情, *17*
プラトン, *1*
フリーセン, *17*
フロイト, *2*
文化, *17*
防衛機制, *66*
放任型, *22*
放任型リーダー, *23*

■ま行
三隅, *23*
民主型, *22*
民主型リーダー, *22*
無意識, *1*, *2*
無条件の肯定的配慮, *68*
明確化, *66*
面接法, *62*

■や行
ユニークな結果, *79*
抑圧, *65*
抑制, *21*

■ら行
リーダー, *22*
リーダーシップ, *8*, *22*
リーダーシップ・スタイル, *22*, *23*
臨床心理学, *2*
レヴィン, *22*
劣等感, *37*

Memorandum

Memorandum

【著者紹介】

髙橋 直樹（たかはし　なおき）
2001年　神戸大学大学院総合人間科学研究科博士前期課程修了
現　在　環太平洋大学非常勤講師，修士（学術）
専　攻　社会心理学

石本 豪（いしもと　ごう）
2004年　東京成徳大学大学院心理学研究科臨床心理学専攻修士課程修了
現　在　新潟医療福祉大学医療技術学部　講師，修士（心理学）
専　攻　臨床心理学

保健・医療・福祉を学ぶための 　　　　心理学概論 Introduction to Psychology to Learn Health, Medical Care, Welfare	著　者 発行者 発行所	髙橋直樹・石本　豪　　Ⓒ 2018 南條光章 共立出版株式会社 〒112-0006 東京都文京区小日向4-6-19 電話　（03）3947-2511（代表） 振替口座　00110-2-57035 URL www.kyoritsu-pub.co.jp
2018 年 1 月 25 日　初版 1 刷発行 2022 年 9 月 10 日　初版 2 刷発行	印　刷 製　本	精興社 協栄製本
検印廃止 NDC 140, 143, 146, 361.4 ISBN 978-4-320-09448-2		一般社団法人 自然科学書協会 会員 Printed in Japan

JCOPY ＜出版者著作権管理機構委託出版物＞
本書の無断複製は著作権法上での例外を除き禁じられています．複製される場合は，そのつど事前に，出版者著作権管理機構（ＴＥＬ：03-5244-5088，ＦＡＸ：03-5244-5089，e-mail：info@jcopy.or.jp）の許諾を得てください．

酒井聡樹 著

これから論文を書く若者のために
【究極の大改訂版】

「これ論」!!

- 論文を書くにあたっての決意・心構えにはじまり，論文の書き方，文献の収集方法，投稿のしかた，審査過程についてなど，論文執筆のための技術・本質を余すところなく伝授している。
- 「大改訂増補版」のほぼすべての章を書きかえ，生態学偏重だった実例は新聞の科学欄に載るような例に置きかえ，本文中の随所に配置。
- 各章の冒頭には要点ボックスを加えるなど，どの分野の読者にとっても馴染みやすく，よりわかりやすいものとした。
- 本書は，論文執筆という長く険しい闘いを勝ち抜こうとする若者のための必携のバイブルである。

A5判・並製・326頁・定価2,970円(税込)ISBN978-4-320-00595-2

これからレポート・卒論を書く若者のために
【第2版】

「これレポ」!!

- これからレポート・卒論を書く若者全員へ贈る必読書である。理系・文系は問わず，どんな分野にも通じるよう，レポート・卒論を書くために必要なことはすべて網羅した本である。
- 第2版ではレポートに関する説明を充実させ，"大学で書くであろうあらゆるレポートに役立つ"ものとなった。
- ほとんどの章の冒頭に要点をまとめたボックスを置き，大切な部分がすぐに理解できるようにした。問題点を明確にした例も併せて表示。
- 学生だけではなく，社会人となってビジネスレポートを書こうとしている若者や，指導・教える側の人々にも役立つ内容となっている。

A5判・並製・264頁・定価1,980円(税込)ISBN978-4-320-00598-3

これから学会発表する若者のために
―ポスターと口頭のプレゼン技術―【第2版】

「これ学」!!

- 学会発表をしたことがない若者や，経験はあるものの学会発表に未だ自信を持てない若者のための入門書がさらにパワーアップ！
- 理系・文系を問わず，どんな分野にも通じる心構えを説き，真に若者へ元気と勇気を与える内容となっている。
- 3部構成から成り立っており，学会発表前に知っておきたいこと，発表内容の練り方，学会発表のためのプレゼン技術を解説する。
- 第2版では各章の冒頭に要点がおかれ，ポイントがおさえやすくなった。良い例と悪い例を対で明示することで，良い点と悪い点が明確になった。説明の見直しなどで，よりわかりやすくなった。

B5判・並製・206頁・定価2,970円(税込)ISBN978-4-320-00610-2

www.kyoritsu-pub.co.jp　　共立出版　　(価格は変更される場合がございます)